COM_A_3001_04. Archivo e impresión

María Elena Gordo Agras

ic editorial

COM_A_3001_04. Archivo e impresión
© María Elena Gordo Agras

1ª Edición

© IC Editorial, 2026

Editado por: IC Editorial
c/ Cueva de Viera, 2, Local 3
Centro Negocios CADI
29200 Antequera (Málaga)
Teléfono: 952 70 60 04
Fax: 952 84 55 03
Correo electrónico: iceditorial@iceditorial.com
Internet: www.iceditorial.com

ISBN: 979-13-7027-143-5
Depósito Legal: MA 200-2026

Impresión: PODiPrint
Impreso en Andalucía – España

Nota de la editorial: IC Editorial pertenece a Innovación y Cualificación S. L.

Presentación del manual

El **Certificado Profesional,** anteriormente llamado Certificado de Profesionalidad, constituye el Grado C en el Sistema de Formación Profesional, asociado a un perfil profesional. Acredita la capacitación para el desarrollo de una actividad profesional concreta a través de las competencias adquiridas. Tiene carácter parcial y acumulable cuando existan Ciclos Formativos (Grado D) en los que sus módulos profesionales se encuentren contenidos en su totalidad o en parte.

El elemento mínimo acreditable es el **Estándar de Competencia.** La suma de las acreditaciones de los Estándares de Competencia conforma la acreditación del **Módulo Profesional** (Grado B).

Un Estándar de Competencia se define como una agrupación de tareas productivas que realiza el profesional. Los diferentes Estándares de Competencia de un Certificado Profesional conforman la **Competencia General.** Definiendo el conjunto de conocimientos y capacidades que permiten el ejercicio de una actividad profesional determinada.

Cada Estándar o Estándares de Competencia lleva asociado un Módulo Profesional, donde se describe la formación necesaria para adquirir ese Estándar de Competencia, pudiendo dividirse en **Bloques Formativos** (Grado A).

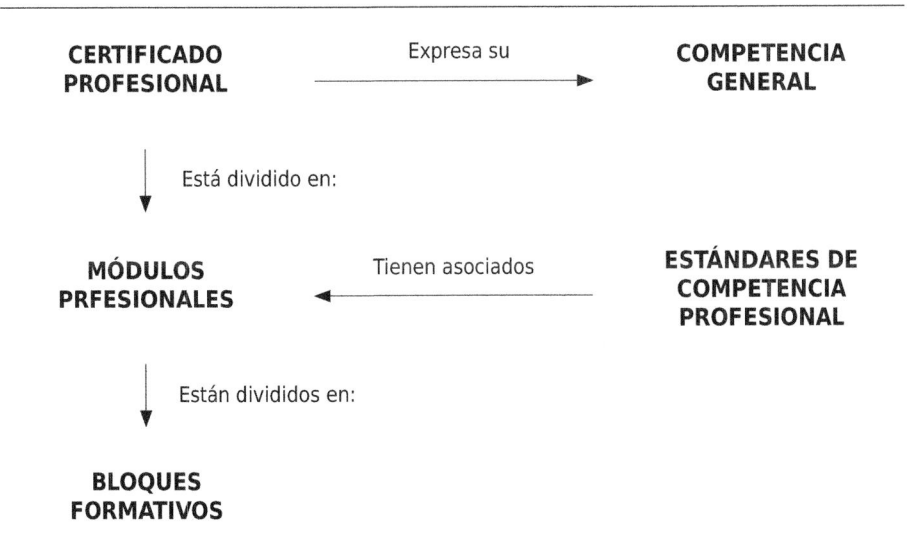

El presenta manual desarrolla el Bloque Formativo **COM_A_3001_04. Archivo e impresión**

Perteneciente al Módulo Profesional **COM_B_3001. Tratamiento informático de datos,**

Asociado al Estándar/Estándares de Competencia:

⇨ **UC0973_1:** Introducir datos y textos en terminales informáticos en condiciones de seguridad, calidad y eficiencia.

del Certificado Profesional **COM_C_001_3B. Actividades auxiliares de almacenaje.**

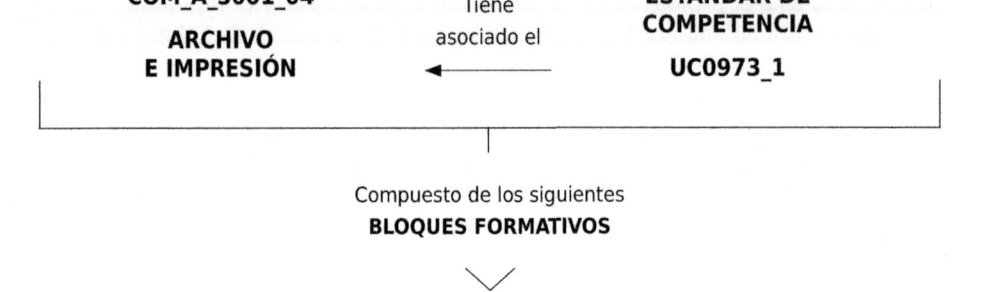

Compuesto de los siguientes
BLOQUES FORMATIVOS

TÍTULOS

COM_A_3001_01. Preparación de los equipos

COM_A_3001_02. Grabación de datos y textos

COM_A_3001_03. Tratamiento de textos

COM_A_3001_04. Archivo e impresión

Contenidos desarrollados en este manual

FICHA DE CERTIFICADO PROFESIONAL

COM_C_001_3B. ACTIVIDADES AUXILIARES DE ALMACENAJE (Real Decreto 212/2025, de 18 de marzo)

COMPETENCIA GENERAL: Realizar operaciones auxiliares de almacenaje de productos y mercancías, así como las operaciones de tratamiento de datos relacionadas, siguiendo protocolos establecidos, criterios comerciales y de imagen, operando con la calidad indicada, observando las normas de prevención de riesgos laborales y protección medioambiental correspondientes.

Estándares de Competencias Profesionales		Ocupaciones o puestos de trabajo relacionados
UC1325_1	Realizar las operaciones auxiliares de recepción, colocación, mantenimiento y expedición de cargas en el almacén de forma integrada en el equipo.	• Empleados/as de reposición. • Operarios/as de pedidos. • Carretilleros/as de recepción y expedición. • Contadores/as de recepción y expedición. • Operarios/as de logística. • Auxiliares de información.
UC0432_1	Manipular cargas con carretillas elevadoras.	
UC0973_1	Introducir datos y textos en terminales informáticos en condiciones de seguridad, calidad y eficiencia.	
UC0974_1	Realizar operaciones básicas de tratamiento de datos y textos, y confección de documentación.	

Correspondiencia con el Catálogo Modular de Formación Profesional		
Módulos profesionales	**Bloques formativos**	**Horas**
COM_B_3001. Tratamiento informático de datos (285 h)	COM_A_3001_01. Preparación de los equipos	50
	COM_A_3001_02. Grabación de datos y textos	90
	COM_A_3001_03. Tratamiento de textos	90
	COM_A_3001_04. Archivo e impresión	55
COM_B_3002. Aplicaciones básicas de ofimática (320 h)	COM_A_3002_01. Tramitación de información en línea	50
	COM_A_3002_02. Comunicaciones mediante correo electrónico	75
	COM_A_3002_03. Hojas de cálculo	135
	COM_A_3002_04. Elaboración de presentaciones gráficas	60
COM_B_3070. Operaciones auxiliares de almacenaje (140 h)	COM_A_3070_01. Recepción de mercancías	30
	COM_A_3070_02. Etiquetado de mercancías	20
	COM_A_3070_03. Almacenamiento de productos y mercancías	30
	COM_A_3070_04. Elaboración de inventarios de mercancías	30
	COM_A_3070_05. Preparación de pedidos	30
1782. Prevención de riesgos laborales		30

Índice

Unidad de aprendizaje 4
La impresora. Funcionamiento y tipos

Unidad de aprendizaje 5
Integración de procesos, innovación y tendencias futuras en la gestión documental e impresión en el almacén

OBJETIVOS GENERALES

Los objetivos generales del **COM_A_3001_04. Archivo e impresión,** son los siguientes:

- Identificar y clasificar los distintos documentos obtenidos de acuerdo con sus características y contenido.
- Identificar las posibles ubicaciones de archivo en soporte digital.
- Archivar digitalmente los documentos en el lugar correspondiente.
- Acceder a documentos archivados previamente.
- Comprobar el estado de los consumibles de impresión y se han repuesto en su caso.
- Seleccionar las opciones de impresión adecuadas a cada caso.
- Imprimir los documentos correctamente.
- Utilizar las herramientas de mensajería informática interna, asegurando la recepción correcta de los documentos.
- Demostrar responsabilidad y confidencialidad en el tratamiento de la información.
- Dejar los equipos informáticos en perfecto estado de uso al finalizar la jornada.

Fundamentos de la gestión documental y de impresión

Contenido

Objetivos

Los objetivos específicos de esta Unidad de Aprendizaje son:

→ Identificar los diferentes documentos, realizando una lista y su clasificación.

→ Aplicar prácticas de responsabilidad y confidencialidad en la gestión de documentos digitales de un almacén, identificando riesgos y proponiendo medidas adecuadas de protección.

1. Introducción

Años atrás, en el mundo laboral, se utilizaba una gran cantidad de archivos y documentación, solamente en soporte físico. Hoy en día, las empresas generan mucha documentación, pero ya no solo en soporte físico, sino también en soporte digital.

Toda empresa genera documentos (contratos, facturas, albaranes, correos electrónicos, presentaciones, planos, etc.). Independientemente del tipo de documento y del soporte en el que se encuentre, tenemos que garantizar su cuidado y su archivo. Gestionar estos documentos consiste en integrar métodos, técnicas y herramientas para garantizar su disponibilidad, seguridad y utilidad a lo largo del tiempo, con responsabilidad y confidencialidad.

Conocer adecuadamente la estrategia de gestión documental y de impresión ahorra tiempo y costes, y fortalece la imagen profesional de la empresa, garantizando el cumplimiento de la normativa vigente, sobre todo en lo relativo a la protección de datos, la trazabilidad de la información y la aplicación de buenas prácticas.

Por otro lado, aunque el avance tecnológico y la digitalización han reducido la dependencia del papel, la impresión no ha perdido su valor; sigue siendo imprescindible en contratos firmados, documentación legal, material de *marketing* y todo tipo de comunicaciones que requieren soporte físico. Las tecnologías de impresión han evolucionado hacia modelos más rápidos, sostenibles y seguros, incorporando innovaciones como la impresión bajo demanda, la impresión segura con autenticación y la impresión en 3D para prototipado y producción personalizada.

En este contexto, el profesional capacitado en gestión documental e impresión debe ser capaz de integrar procesos físicos y digitales en un flujo de trabajo coherente y eficiente. Esto implica comprender las ventajas e inconvenientes de cada soporte, saber cuándo es necesario conservar un documento físico y cuándo es preferible digitalizarlo, y establecer criterios claros para la clasificación, el acceso y la eliminación de la información. Además, debe tener en cuenta las tendencias emergentes que están transformando la manera en que gestionamos y compartimos la información, como la automatización mediante inteligencia artificial, el almacenamiento en la nube y el uso de *blockchain* para la certificación documental.

A lo largo de las siguientes unidades, trabajaremos con Javier. Es un nuevo auxiliar de almacén que acaba de incorporarse a una empresa logística. Aunque tiene muchas ganas de aprender, descubre que el trabajo no solo consiste en mover cajas: también debe **gestionar documentos,** como albaranes, etiquetas y listados de inventario.

2. Importancia del archivo y de los procesos de impresión en la empresa

 HILO CONDUCTOR

En la nave de distribución donde trabaja Javier, un camión llega con varios palés de productos. El encargado necesita comprobar **el albarán de entrada** y archivarlo, pero, si este documento no estuviera disponible o se hubiera extraviado, sería imposible verificar la mercancía. Además, las **etiquetas impresas** son imprescindibles para que cada palé se ubique en la estantería correcta.

En cualquier empresa, independientemente del sector o del tamaño, tanto la **gestión documental** como los **procesos de impresión** desempeñan un papel fundamental para realizar aquellas tareas diarias o habituales. Administrar correctamente los documentos, físicos o digitales, permite garantizar la **seguridad, la disponibilidad y la trazabilidad de la información.**

La gestión documental es muy importante para una buena trazabilidad de la información.

2.1. Funciones clave del archivo en la empresa

El archivo dentro de una empresa cumple múltiples funciones esenciales que garantizan la eficiencia, la seguridad y la legalidad en la gestión de la información. Entre las más relevantes se encuentran las siguientes:

Acceso rápido	- Si nuestro sistema de archivo está bien estructurado, permite localizar (a cualquier miembro de la empresa, independientemente de si ese trabajador lleva 5 años en la empresa o un día) un documento en segundos, lo que ahorra tiempo y recursos. - Por ejemplo, en un bufete de abogados, acceder rápidamente a un contrato específico puede ser determinante para preparar una defensa legal.
Conservación y custodia	- Algunos documentos (como escrituras, licencias o contratos) deben conservarse durante varios años según la legislación vigente, y es necesario mantener un control de los registros de los usuarios que consultan dichos documentos. - La preservación evita pérdidas de información valiosa por deterioro, extravío o desorganización.
Cumplimiento normativo	- Las leyes, como el **Reglamento general de protección de datos (RGPD)** en Europa, exigen medidas para proteger la información personal y empresarial. - El archivo ordenado contribuye a evitar sanciones por incumplimiento.
Toma de decisiones	- La información histórica archivada permite analizar la evolución de proyectos, evaluar resultados y planificar estrategias futuras basándonos en esa historia documental.

IMPORTANTE

Hay que clasificar correctamente los albaranes de entrada y de salida, ya que esto evita confusiones en la recepción y en la expedición de mercancías.

 **EJEMPLO**

Al recibir una mercancía, el auxiliar de almacén archiva el albarán de entrega en formato digital en el sistema de gestión de almacén (SGA) y, además, imprime una copia física para que acompañe al pedido durante el proceso de verificación y almacenamiento.

2.2. Relevancia de los procesos de impresión

La impresión sigue siendo necesaria, incluso en entornos altamente digitalizados, ya que se utiliza para:

- **Generación de documentos oficiales:** facturas, contratos, certificados, informes, etc.
- **Material corporativo y de comunicación:** folletos, tarjetas, carteles publicitarios, etc.
- **Soporte a procesos internos:** guías, manuales de procedimiento, registros internos, etc.

Las consecuencias de una impresión eficiente son las siguientes:

Reducción de costes
Optimizar la configuración y el uso de los equipos disminuye el gasto en consumibles y mantenimiento.

Calidad en la imagen corporativa
Un documento mal impreso puede proyectar una imagen descuidada de la empresa y generar un mayor gasto debido a errores de impresión.

Cumplimiento medioambiental
Elegir tecnologías y materiales sostenibles contribuye a la responsabilidad social corporativa.

2.3. Relación entre archivo e impresión

Aunque los procesos de archivo e impresión se gestionen de forma diferente, están estrechamente relacionados entre sí:

Documento digital archivado	Es probable que, en un futuro, necesitemos imprimirlo para, por ejemplo, procesos legales, firmas, presentaciones, etc.
Documento físico	Puede ser digitalizado y archivado electrónicamente para facilitar, por ejemplo, su acceso o distribución.

Estandarizar los documentos en cuanto a formato, plantillas y procedimientos ayuda a mantener la coherencia del sistema de gestión y de la empresa, garantizando que los criterios sean los mismos al archivar, buscar o imprimir la documentación.

 **EJEMPLO**

En un almacén de distribución de productos alimenticios, los pedidos de los clientes se reciben a través del sistema informático de gestión (SGA). Estos datos se registran digitalmente para su control, pero también se imprimen en hojas de *picking* que los operarios utilizan en el recorrido por las estanterías. La coordinación entre el sistema digital y los documentos impresos asegura que siempre se prepare la mercancía correcta y que el inventario esté actualizado en tiempo real.

3. Gestión de archivos y carpetas digitales

 **HILO CONDUCTOR**

En su segundo día en el almacén, Javier observa que en su mesa hay distintos papeles: un albarán de entrada, una hoja de inventario y un parte

Continúa en página siguiente >>

<< Viene de página anterior

de incidencias. Además, en la tableta tiene la orden digital de preparación de pedidos. Al principio, todos le parecen simples papeles o archivos electrónicos, pero pronto descubre que cada uno tiene un nombre, una función y un lugar dentro del archivo. Este apartado le ayudará a distinguir qué es un documento, qué entendemos por archivo y cómo se gestionan, así como a comprender la importancia de la impresión en el trabajo diario del almacén.

Para una buena gestión documental y un buen sistema de impresión, es necesario conocer con precisión los siguientes conceptos, ya que son la base para todo el trabajo que realizamos tanto de archivo como de impresión.

3.1. Documento

Definimos como documento toda información registrada en un soporte determinado, que puede ser físico (papel, cartón, planos, etiquetas) o digital (imágenes, archivos PDF, entre otros).

Sus características principales son las siguientes:

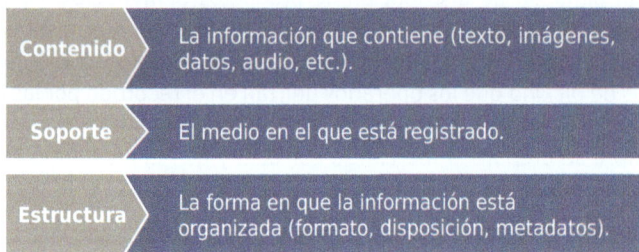

Contenido	La información que contiene (texto, imágenes, datos, audio, etc.).
Soporte	El medio en el que está registrado.
Estructura	La forma en que la información está organizada (formato, disposición, metadatos).

SABÍAS QUE...

Un documento digital correctamente firmado electrónicamente tiene la **misma validez legal** que uno en papel, siempre que cumpla la normativa de firma electrónica.

Continúa en página siguiente >>

<< Viene de página anterior

La **clasificación correcta** desde el inicio evita confusiones y pérdidas de tiempo.

No todos los documentos deben conservarse indefinidamente; existen **plazos legales de conservación** que varían según el tipo de documento.

La clasificación de los documentos es fundamental para su organización.

A continuación, se muestran unos ejemplos de los diferentes documentos que podemos encontrar en el almacén:

- **Albarán.** Es el documento que justifica tanto la entrega como la recepción de las mercancías. Dentro de un almacén, se utiliza para comprobar que lo que se recibe coincide con lo que se solicita y, así, evitar incidencias. Lo podemos encontrar tanto en formato físico como digital.
- **Orden de pedido.** Se trata de un documento mediante el cual un cliente o una empresa realizan la solicitud de determinados productos en unas cantidades específicas. En el ámbito del almacén, la orden de pedido sirve como instrucción para organizar la preparación y la posterior expedición de la mercancía. En la actualidad, lo más habitual es que se emita en formato digital, a través de programas de gestión o de sistemas informáticos integrados.
- **Etiqueta.** Es el documento que contiene la información necesaria para identificar la mercancía. Suele incluir código de barras, fecha, origen, destino y referencias; habitualmente es un documento impreso en soporte adhesivo. En el almacén se utiliza para garantizar la trazabilidad de la mercancía y evitar errores en expedición y destino.

⮑ **Inventario.** Es el documento en el que se refleja toda la mercancía almacenada, incluyendo las cantidades, el estado y las ubicaciones. Este documento puede presentarse en formato papel o digital. Mantener inventario actualizado permite un mayor control y ayuda a evitar errores en las compras, así como excesos de *stock*.

3.2. Archivo

El archivo lo podemos definir como el conjunto organizado de una serie de documentos físicos (carpetas de albaranes, por ejemplo) o digitales. A continuación, se muestran los tipos de archivo más habituales, así como sus funciones:

Tipos de archivo
- **Archivo físico:** documentos en papel, almacenados en carpetas, archivadores o estanterías.
- **Archivo digital:** documentos electrónicos guardados en discos duros, servidores o en la nube.
- **Archivo híbrido:** combinación de ambos tipos.

Funciones del archivo
- **Organizar** la información para que sea fácilmente localizable.
- **Conservar** los documentos según su valor legal, administrativo o histórico.
- **Proteger** la información contra pérdidas, daños o accesos no autorizados.

3.3. Gestión documental

Definimos la gestión documental como el conjunto de técnicas y procedimientos para organizar, proteger, almacenar, recuperar y controlar documentos de forma eficiente, garantizando su disponibilidad.

Abarca **todo el ciclo de vida del documento,** desde su creación hasta su eliminación o archivo histórico. Además, incluye aspectos **tecnológicos** (*software* de gestión documental), **organizativos** (políticas y normas internas) y **legales** (protección de datos, propiedad intelectual).

Una buena gestión documental nos ayuda a reducir tiempo de búsqueda y a evitar el exceso de documentos.

Los objetivos de la gestión documental son:

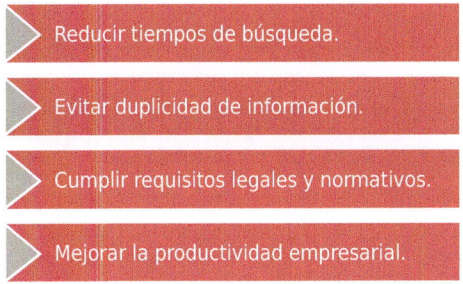

Reducir tiempos de búsqueda.

Evitar duplicidad de información.

Cumplir requisitos legales y normativos.

Mejorar la productividad empresarial.

En la actualidad, la gestión documental ya no se gestiona solo en papel, como en los antiguos archivos, con sus infinitas carpetas y cajas con documentos; ahora, la gran mayoría de almacenes ya gestiona de manera digital a través de sistemas informáticos. La forma de clasificar es muy parecida: en carpetas, subcarpetas... pero digitales. En ellas podemos guardar, clasificar y localizar nuestros documentos de una manera lógica y ordenada.

Todos estos archivos digitales, en los que profundizaremos en otra unidad, suelen estar almacenados en diferentes tipos de almacenamiento físico, lo que ayuda a poder acceder a ellos de manera remota, desde cualquier departamento del propio almacén, sin necesidad de ir a un lugar físico a buscarlos.

 **CONSEJO**

Digitaliza los documentos en formato PDF, que está diseñado para la conservación a largo plazo.

Siempre que escanees documentos, añade metadatos (título, fecha, autor) para facilitar su posterior búsqueda.

Para que este sistema sea eficaz, es fundamental establecer criterios de nomenclatura y estructura. Por ejemplo:

Carpetas	Las carpetas deberían clasificarse por años, principalmente, o por meses y trimestres; por ejemplo: 2023, 2024, 2025.
Subcarpetas	Las subcarpetas deben clasificarse por el tipo de documentos; por ejemplo: albaranes, inventarios, incidencias, etc.
Nomenclatura	La nomenclatura de los documentos y archivos es muy importante. Todo el mundo que manipule dicho archivo deberá utilizar la misma nomenclatura; por ejemplo: "2024-05-15 – Albarán 2 – Proveedor Instaprix".

Todas estas prácticas de archivo y nomenclatura, tanto en digital como en físico, permiten que cualquier trabajador pueda clasificar, archivar, buscar y localizar cualquier documento en el menor tiempo posible y de la forma más ordenada.

Si hablamos do archivo digital, nos roforimos al sistoma do gostión do almacén (SGA) como herramienta que permite que todos los documentos estén conectados con sus operaciones logísticas correspondientes, ofreciendo acceso a aquellos trabajadores que lo necesiten para desempeñar sus diferentes funciones.

NOTA

El uso de nombres claros y estandarizados en carpetas y archivos digitales facilita su localización futura.

En el archivo físico, mantener un control de préstamos de documentos es clave para evitar extravíos.

Una política de acceso restringido es esencial para cumplir con el Reglamento general de protección de datos (RGPD).

ACTIVIDAD COMPLEMENTARIA

1. Busca en internet ejemplos reales sobre cómo se gestionan hoy en día los documentos en los almacenes. Puedes centrarte en aspectos como:

   · Uso de carpetas digitales y sistemas de gestión documental (SGD)
   · Implementación de SGA (sistemas de gestión de almacén) para controlar albaranes, pedidos o inventarios
   · Aplicación de medidas de seguridad y confidencialidad en el archivado digital
   · Tendencias en impresión de etiquetas, albaranes electrónicos o digitalización de documentos

---

3.4. Impresión

Definimos la impresión como el proceso de transferir información a un soporte físico —habitualmente papel, pero también puede ser cartón, tela o plástico—. Por ejemplo, para imprimir las etiquetas de códigos de barras, listados de preparación de pedidos o documentos de transporte.

Las principales tecnologías de impresión son:

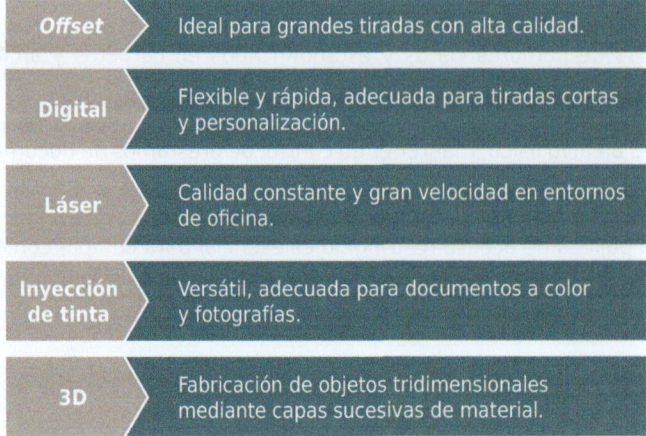

Offset	Ideal para grandes tiradas con alta calidad.
Digital	Flexible y rápida, adecuada para tiradas cortas y personalización.
Láser	Calidad constante y gran velocidad en entornos de oficina.
Inyección de tinta	Versátil, adecuada para documentos a color y fotografías.
3D	Fabricación de objetos tridimensionales mediante capas sucesivas de material.

Los **factores clave** en los procesos de impresión son:

- Calidad (resolución, nitidez, color)
- Velocidad de producción
- Coste por copia
- Sostenibilidad (consumo energético, papel reciclado, tintas ecológicas)

 SABÍAS QUE...

Una etiqueta mal impresa en un palé puede provocar retrasos en toda la cadena logística por problemas de identificación.

Es muy importante conocer los principales conceptos para, posteriormente, poder aplicarlos a nuestro trabajo. A continuación, se muestran cuatro conceptos clave:

| Documento | Información registrada en un soporte físico o digital. |

Continúa en página siguiente >>

<< Viene de página anterior

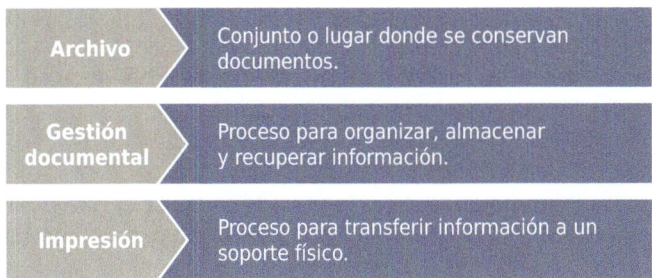

Archivo	Conjunto o lugar donde se conservan documentos.
Gestión documental	Proceso para organizar, almacenar y recuperar información.
Impresión	Proceso para transferir información a un soporte físico.

TAREA 1

Sara acaba de incorporarse a la empresa y Marta, encargada de logística, le pide elaborar una lista de los cinco documentos que se utilizan de forma habitual y clasificarlos en categorías:

- Archivo digital
- Archivo físico
- Archivo digital y físico

Además, describe qué implicaciones tendría para la empresa no contar con un sistema eficiente de archivo o impresión.

- -

4. Ciclo de vida del documento y su relevancia en la organización

 HILO CONDUCTOR

Un cliente se queja porque no recibió toda la mercancía que había solicitado. Para aclarar la situación, el encargado busca el albarán de salida y el listado de preparación del pedido. Gracias a que estos documentos han seguido correctamente su ciclo de vida (creación, registro, uso, custodia y conservación), es posible revisar qué ocurrió y dar una respuesta al cliente. Este caso muestra

Continúa en página siguiente >>

<< Viene de página anterior

la importancia de entender las etapas que atraviesa un documento y cómo influyen directamente en el control y la eficiencia del almacén.

- -

Todo documento tiene su ciclo de vida, y pasa por diferentes fases desde su creación hasta su destrucción o su archivo como documento histórico. Conocer y comprender estas etapas es fundamental para aplicar políticas de gestión documental correctas y eficientes, así como para optimizar recursos y cumplir con la normativa legal vigente.

4.1. Etapas del ciclo de vida del documento

Todo documento pasa por diferentes fases a lo largo de su existencia, desde el momento en que se genera o se recibe hasta que se conserva o se elimina. Este proceso, conocido como **ciclo de vida del documento,** se compone de las siguientes etapas:

- **Creación o recepción.** Un documento puede **crearse** internamente (por ejemplo, un informe elaborado por un departamento) o **recibirse** desde el exterior (facturas de proveedores o pedidos, por ejemplo).
  En esta etapa, se definen su **formato** (físico o digital) y su **estructura** (contenido, metadatos, plantilla).
- **Clasificación y registro.** El documento se **clasifica** según su naturaleza (legal, administrativa, técnica, contable, etc.) y se **registra** en un sistema de control para garantizar su trazabilidad.
  Por ejemplo, en un archivo físico, se asigna un código y una ubicación; en un archivo digital, se etiqueta con metadatos y se guarda en una carpeta específica.
- **Uso y tramitación.** El documento se utiliza para el fin con el que fue creado: aprobar un contrato, analizar un informe, realizar un pedido, etiquetar palés...
  Puede sufrir modificaciones, actualizaciones o se pueden generar versiones derivadas.
- **Almacenamiento y custodia.** Una vez cumplida su función activa, el documento se guarda de forma segura, asegurando su **integridad, su confidencialidad y su disponibilidad.**
  Esto implica establecer políticas de acceso y medidas de seguridad.
- **Conservación o eliminación.** Según su valor legal, histórico o administrativo, el documento puede:

◑ **Conservarse** durante un tiempo definido por la ley o por políticas internas.

◑ **Destruirse** mediante procesos seguros (triturado, borrado seguro de datos) si ya no es necesario y no tiene valor de conservación.

Algunos documentos pasan a formar parte del **archivo histórico,** que se conserva indefinidamente.

Los documentos, en el almacén, siguen un **ciclo de vida** que asegura su control. A continuación, podemos ver, como ejemplo, el ciclo de vida de un albarán:

Creación o recepción
Por ejemplo, la llegada de un albarán.

Clasificación y registro
Se archiva en el SGA con número de pedido.

Uso y tramitación
Se utiliza para verificar mercancías.

Almacenamiento y custodia
Se guarda en carpeta física y digital.

Conservación o eliminación
Se mantiene según plazos legales.

 **CONSEJO**

Los albaranes y las facturas deben guardarse en un lugar seguro, evitando accesos no autorizados.

- -

4.2. Relevancia del ciclo de vida en la organización

Gestionar adecuadamente el ciclo de vida de los documentos aporta múltiples beneficios a la organización, ya que no solo mejora la eficiencia interna, sino que también garantiza el cumplimiento normativo y la seguridad de la información. Entre las ventajas principales destacan las siguientes:

- ⮮ **Optimización de recursos.** Saber cuándo un documento debe eliminarse evita acumular información obsoleta que ocupa espacio físico o digital innecesario.
- ⮮ **Cumplimiento legal.** Muchos documentos tienen plazos de conservación establecidos por ley (por ejemplo, las facturas deben conservarse durante 5 o 6 años según la normativa fiscal española).
- ⮮ **Seguridad de la información.** Controlar cada etapa permite evitar filtraciones, pérdidas o manipulaciones indebidas. Además, en España, la Ley orgánica 3/2018, de protección de datos personales y garantía de los derechos digitales (LOPDGDD), junto con el Reglamento general de protección de datos (RGPD) de la Unión Europea, establece la obligación de aplicar medidas técnicas y organizativas que aseguren la confidencialidad e integridad de la información. El incumplimiento de estas normas puede derivar en sanciones económicas y pérdida de confianza por parte de clientes y proveedores.
- ⮮ **Eficiencia operativa.** Un ciclo de vida bien gestionado reduce tiempos de búsqueda y mejora el flujo de trabajo.

 ACTIVIDAD 1

Imagina que formas parte del departamento de logística, concretamente en la sección de clasificación y registro. De las siguientes respuestas, ¿cuál dirías que sería la correcta a la hora de clasificar y archivar documentos?

a. Se archiva en cualquier lugar sin control.
b. Se clasifica por naturaleza y se registra para garantizar su trazabilidad.
c. Se destruye.
d. Se imprime automáticamente para todos los departamentos.

5. Panorama actual y tendencias en gestión documental e impresión

☞ HILO CONDUCTOR

Mientras aprende su labor, Javier nota que en el almacén ya casi no se usan carpetas en papel: los pedidos se reciben en el **SGA,** las incidencias se registran en tabletas y las **etiquetas de palés se imprimen con impresoras térmicas** en el momento justo. El jefe de logística le explica que esto forma parte de la **transformación digital,** que busca ahorrar tiempo, reducir errores y trabajar de manera más sostenible.

- -

A lo largo de los años, tanto la gestión documental como los procesos de impresión han cambiado notablemente. La automatización, la transformación digital y el aumento del cuidado del medioambiente han impulsado la incorporación de nuevas prácticas y tecnologías que ayudan a la optimización, reducen costes y consiguen una mayor eficiencia.

 ### SABÍAS QUE...

Los grandes operadores logísticos han reducido en más de un 60 % el uso de papel gracias a la digitalización de albaranes.

- -

5.1. Situación actual de la gestión documental

En la actualidad, la gestión documental se encuentra en plena transformación digital, tal como comentamos anteriormente, impulsada por la necesidad de optimizar el acceso a la información, garantizar la seguridad y protección de los datos, y adaptarse a las nuevas formas de trabajo. Entre los aspectos más destacados de esta transformación se encuentran los siguientes:

Digitalización
Muchas empresas están convirtiendo sus archivos físicos en digitales para ahorrar espacio, mejorar el acceso y aumentar la seguridad.

Sistemas de gestión documental (SGD)
Herramientas como *SharePoint*, *Alfresco* o *Documentum* permiten organizar, buscar y compartir documentos de forma controlada.

Protección de datos
Leyes como el Reglamento general de protección de datos (RGPD) de la Unión Europea obligan a implementar medidas de seguridad y procesos documentados de tratamiento de la información.

Trabajo remoto
La necesidad de acceder a la información desde cualquier lugar ha impulsado el uso de soluciones en la nube y almacenamiento colaborativo.

 **VÍDEO**

Descubre cómo funciona y en qué consiste *Alfresco,* una de las herramientas más utilizadas en la gestión documental digital.

https://redirectoronline.com/3001040101

5.2. Tendencias en gestión documental

La gestión documental avanza hacia nuevas soluciones tecnológicas que buscan mayor eficiencia, seguridad y conectividad en todos sus procesos. Entre las principales tendencias se encuentran las siguientes:

Automatización con inteligencia artificial
- Clasificación automática de documentos
- Reconocimiento óptico de caracteres (OCR) para convertir documentos escaneados en texto editable

Integración de procesos
- Conexión directa entre archivo físico y digital, eliminando duplicidades.
- Sistemas híbridos que permiten consultar documentos escaneados y localizarlos físicamente.

5.3. Situación actual de los procesos de impresión y tendencias

A día de hoy, en relación con los procesos de impresión, se busca reducir el volumen de copias y fomentar la impresión bajo demanda, es decir, imprimir únicamente lo necesario. También se tiende a la integración de equipos informáticos multifunción que escanean, imprimen, envían documentos y se conectan directamente con los diferentes programas de gestión documental.

Cada vez se apuesta más por la sostenibilidad y la eficiencia energética, utilizando papel reciclado y tintas ecológicas.

Si observamos hacia el futuro, las impresoras 3D, cada vez más capaces de producir distintos elementos para sectores como la medicina, la ingeniería o el diseño industrial, seguirán aumentando su protagonismo.

 **CONSEJO**

Imprimir etiquetas solo en el momento de la preparación de pedidos evita desperdicios de material.

 **TAREA 2**

Imagina que trabajas como auxiliar en el almacén de la empresa Logística Centro. Una de tus funciones es gestionar las carpetas digitales donde se guardan documentos importantes: albaranes escaneados, facturas, partes de incidencias y listados de inventario.

El encargado te pide que diseñes un procedimiento sencillo que garantice que esta documentación se archiva de forma segura, responsable y confidencial.

¿Cómo organizarías las carpetas digitales (estructura, nomenclatura, permisos de acceso)?

----

6. Resumen

Cuando hablamos de los fundamentos de la gestión documental y de impresión, hacemos especial hincapié en la importancia que tiene para las organizaciones una administración eficiente de estos procesos.

Un documento no es tan solo un soporte de información, sino también un recurso vital y necesario para realizar las funciones documentales de la empresa, cumplir la normativa y conseguir una eficiencia empresarial.

Todo documento tiene su propio ciclo de vida, desde su creación hasta su eliminación o conservación, lo que permite, si se gestiona correctamente, optimizar el rendimiento del archivo.

Por otro lado, gracias a las tecnologías y a las tendencias actuales, la gestión documental ha sufrido cambios importantes, como la digitalización, la automatización y la sostenibilidad, que son factores que ayudan a que el sistema de gestión documental sea cada vez más eficiente.

El profesional que domine estas competencias será capaz de integrar procesos físicos y digitales de forma eficaz, garantizando el acceso, la seguridad y la optimización de recursos.

Ejercicios de autoevaluación
Unidad de aprendizaje 1

1. ¿Qué se entiende por *documento* en gestión empresarial?

    a. Solo los escritos en papel
    b. Cualquier información registrada en un soporte físico o digital
    c. Solo archivos digitales
    d. Informes internos

2. El objetivo principal de la gestión documental es:

    a. Guardar todos los documentos sin eliminar ninguno.
    b. Reducir tiempos de búsqueda y garantizar la seguridad.
    c. Evitar el uso de tecnologías.
    d. Imprimir menos documentos.

3. ¿Cuál de las siguientes no es una etapa del ciclo de vida del documento?

    a. Creación o recepción
    b. Clasificación y registro
    c. Destrucción inmediata
    d. Uso y tramitación

4. La impresión bajo demanda consiste en:

    a. Imprimir todo lo que se recibe.
    b. Imprimir solo lo necesario en el momento preciso.
    c. Imprimir grandes tiradas.
    d. Usar impresoras 3D.

5. Una función del archivo es:

    a. Destruir documentos antiguos sin registro.
    b. Generar contratos.
    c. Organizar y conservar la información.
    d. Reducir la calidad de impresión.

6. Una tendencia actual en impresión es:

    a. Uso de papel no reciclado
    b. Impresión 3D
    c. Aumento de copias innecesarias
    d. Sustitución de equipos multifunción

7. Un sistema de gestión documental (SGD) sirve para:

    a. Imprimir documentos.
    b. Destruir información confidencial.
    c. Diseñar folletos publicitarios.
    d. Organizar, buscar y compartir documentos.

8. El ciclo de vida de un documento finaliza con:

    a. Su destrucción o conservación histórica
    b. Su clasificación
    c. Su impresión
    d. Su recepción

9. La custodia de documentos implica:

    a. Guardar documentos en cualquier lugar.
    b. Protegerlos y controlar el acceso.
    c. Mantenerlos solo durante un mes.
    d. Guardar solo copias digitales.

10. El uso responsable de la impresión implica:

    a. Minimizar impresiones innecesarias.
    b. Imprimir solo en blanco y negro.
    c. Usar papel nuevo siempre.
    d. Descartar la impresión a doble cara.

Organización y gestión del archivo físico

Contenido

Objetivos

Los objetivos específicos de esta Unidad de Aprendizaje son:

→ Diseñar un código para identificar contratos.

→ Reflexionar sobre la custodia documental, la responsabilidad y la confidencialidad en el tratamiento de la información.

→ Clasificar documentos obtenidos de acuerdo con sus características y contenido.

1. Introducción

A pesar de que estamos en una era donde la digitalización está en tendencia y su presencia es mayor, no podemos olvidar que el archivo físico sigue formando parte de las tareas del día a día en las empresas y administraciones.

La organización del archivo físico no es simplemente una tarea rutinaria de "guardar papeles", sino también un proceso estratégico que garantiza la disponibilidad, integridad y seguridad de la información. Cada factura, contrato, expediente o acta almacenada en papel representa una prueba legal y administrativa, capaz de respaldar decisiones, resolver conflictos o demostrar el cumplimiento normativo de una institución.

Tanto el archivo digital como el físico deben convivir, siendo uno complementario del otro.

Es cierto que todas las organizaciones buscan optimizar el espacio, reducir costes y mejorar la eficiencia, lo que exige aplicar criterios de clasificación, codificación y control cada vez más rigurosos. Además, la creciente preocupación por la seguridad de la información obliga a establecer protocolos claros de acceso, custodia y conservación.

El archivo físico, por tanto, no es un obstáculo frente a la digitalización, sino un aliado estratégico que garantiza legalidad, transparencia y trazabilidad. Su correcta organización repercute directamente en la productividad de la empresa: localizar rápidamente un documento puede suponer la diferencia entre resolver una incidencia en minutos o perder horas de trabajo innecesarias.

En esta unidad vamos a ver cómo Javier comienza a dominar la correcta organización y gestión de los archivos físicos, antes de adentrarse en los digitales.

2. Tipos de archivos, registro y control de documentos

☞ **HILO CONDUCTOR**

En la nave de distribución donde trabaja Javier, cada día se generan y se reciben decenas de documentos en papel: albaranes de entrada, facturas de proveedores, partes de incidencias e incluso reclamaciones de clientes.

Un día, el responsable de logística le pide a Javier que busque una copia de un albarán firmado hace tres años, necesario para resolver una discrepancia con un cliente. Si el archivo físico no estuviera bien organizado, localizar ese documento sería una tarea casi imposible. Sin embargo, gracias a que en la nave se han definido claramente los tipos de archivo, se lleva un registro detallado y se aplica un control estricto de movimientos, Javier encuentra el expediente en apenas unos minutos.

El archivo físico de una organización no es un espacio único y homogéneo, sino que puede dividirse en **tipos de archivo,** según la frecuencia de uso y el valor de los documentos que contiene. Así, distinguimos entre **archivos de gestión** (documentos de uso diario), **archivos intermedios** (documentos que ya no se consultan constantemente, pero que deben conservarse) y **archivos históricos** (documentos de valor permanente).

Además, los archivos pueden ser **centrales,** cuando agrupan la documentación común de toda la empresa, o **de oficina,** cuando cada departamento conserva su propia documentación.

Junto con esta clasificación, resulta fundamental llevar un **registro documental** que deje constancia de la entrada, la salida y los movimientos de los documentos. El registro, unido a un sistema de **control,** garantiza la trazabilidad de la información, evita pérdidas y asegura que los documentos estén siempre localizables y disponibles para su consulta.

Los archivos físicos se clasifican según su **función, localización o soporte.**

Según su función
- **Archivo activo:** documentos de uso frecuente. Por ejemplo, una orden de pedido que necesitamos consultar varias personas.
- **Archivo inactivo:** documentos de conservación permanente por valor legal, fiscal o histórico, que no se suelen consultar. Por ejemplo, las escrituras de la empresa.
- **Archivo semiactivo:** documentos que no utilizamos a diario, pero sí puntualmente; por ejemplo, para reclamaciones, auditorías, etc.

Según su localización
- **Archivo centralizado:** reúne toda la documentación común de la empresa en un único sistema de archivo, al que los diferentes departamentos pueden acceder, independientemente de si se encuentran en otras sedes. Por ejemplo, un contrato firmado se escanea y se incorpora al sistema de gestión documental.
- **Archivo descentralizado:** cada departamento conserva sus documentos de uso inmediato. Por ejemplo, el departamento de recursos humanos guarda en su propio archivo los expedientes activos de los empleados.

Según su soporte
- **Papel:** es el formato tradicional.
- **Digital:** se escanea o son documentos que se reciben directamente en formato digital.
- **Mixto:** es la combinación de papel con copias digitales.

 CONSEJO

No todos los documentos merecen conservarse para siempre. Conocer los tipos de archivo permite optimizar espacio y facilitar el acceso a la información.

Cuando registramos un documento, estamos asentando oficialmente su entrada, su salida o su creación. Realizar este paso nos garantiza que quede constancia de la existencia del documento, para su posterior consulta o para poder rastrearlo.

 **EJEMPLO**

En Transportes López S. A., cuando llega una notificación de Hacienda, el responsable del archivo procede a:

1. Asignarle un número de registro único.
2. Anotar la fecha de entrada.
3. Indicar el remitente (Hacienda) y el destinatario (Dirección General).
4. Resumir el asunto.

Gracias a este registro, la empresa puede demostrar no solo que recibió la notificación, sino también cuándo lo hizo y a quién se dirigió.

Otro aspecto muy importante del archivo es el **control** de los documentos y archivos, que consiste en conocer, custodiar y vigilar la ubicación y los movimientos de cada uno, con el fin de evitar su extravío o manipulación.

Para llevar este control, debemos realizar una serie de tareas:

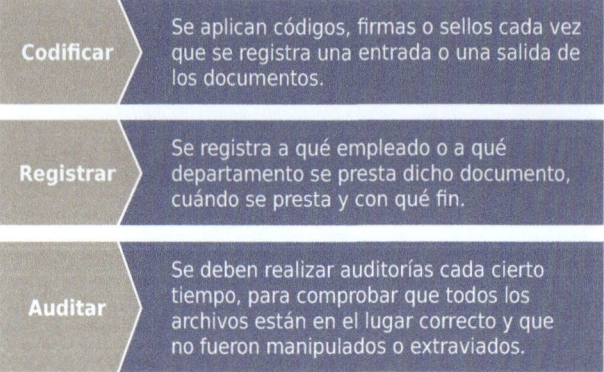

En nuestro caso real, si el contrato firmado hace tres años es solicitado por el departamento jurídico, se registra como préstamo temporal, indicando la fecha de entrega y la persona que lo retira. Una vez devuelto, se actualiza el registro correspondiente.

CONSEJO

Nunca devuelvas un documento sin registrarlo. Los pequeños descuidos son la causa más común de extravíos en los archivos físicos.

 SABÍAS QUE...

En muchos países, incluida España y el conjunto de la Unión Europea, la legislación fiscal obliga a conservar las facturas y los documentos contables durante un periodo mínimo de entre 5 y 10 años. Un archivo físico mal gestionado podría acarrear sanciones económicas en caso de inspección.

La elección del almacenamiento y el tipo de archivo es fundamental.

ACTIVIDAD 2

Formas parte del departamento de logística y tienes que archivar una serie de documentos comunes a toda la empresa. ¿Cómo llamarías a este tipo de archivo?

3. Criterios de codificación y clasificación de los documentos

☞ **HILO CONDUCTOR**

En la nave de distribución donde trabaja Javier, también comenzaron a aparecer problemas con la organización de los documentos. Cuando el jefe pedía revisar un contrato o un albarán específico, podían pasar horas hasta que se encontraba la carpeta correcta. La situación empeoraba porque cada empleado seguía un criterio distinto: algunos archivaban por fecha, otros por cliente y otros por tipo de documento. Esta falta de uniformidad generaba retrasos y confusión en el trabajo diario.

Cuando hablamos de criterios de **codificación,** debemos tener en cuenta que lo ideal es implantar un sistema de codificación uniforme, es decir, que todos los documentos se codifiquen y se clasifiquen igual y que todo empleado lo realice de la misma forma. Todo esto reduce los tiempos de búsqueda y evita las incidencias por pérdida de documentos, además de facilitar a todo empleado su trabajo.

Clasificar los documentos consiste en ordenar los documentos siguiendo un criterio lógico, unánime y constante, para que cualquier empleado localice rápidamente aquellos documentos que busca, o clasifique y guarde, de una manera más eficaz y rápida, los documentos que deben ser archivados.

Para establecer un sistema de **clasificación,** podemos establecer los siguientes sistemas:

- **Alfabético.** Clasificación alfabética por nombre, proveedor, empleados, apellidos, etc. Por ejemplo, clasificamos nuestros empleados por el primer apellido.
- **Numérico.** Clasificación basada en números o en la combinación de letras y números; establecemos criterios adecuados a nuestra documentación. Por ejemplo, el contrato de un cliente lo podemos guardar como "CO-023/2025".
- **Cronológico.** Clasificación por fecha de emisión o recepción. Por ejemplo, las facturas las clasificamos por años y meses.
- **Geográfico.** Clasificamos según el lugar de origen o de destino. Por ejemplo, expedientes de transporte clasificados por provincias o países.
- **Temático.** Clasificamos según el contenido del documento. Por ejemplo, según si son contratos, reclamaciones, pedidos, etc.

IMPORTANTE

El criterio debe ser único y estable. Lo peor que le puede pasar a un archivo es que cada persona clasifique "a su manera".

- -

Codificar consiste en asignar un código único que identifique a cada documento o expediente. Este código habitualmente combina letras y números, y aporta información muy útil. Una buena codificación permite localizar fácilmente los documentos, facilita la posterior digitalización y evita errores y confusiones entre documentos con nombres similares.

A continuación, a través del siguiente código de ejemplo, analizamos el porqué de su codificación:

- **CL** → Cliente
- **2025** → Año
- **078** → Número correlativo de documento

CONSEJO

Antes de implantar un sistema de clasificación o codificación, haz una prueba piloto en un departamento. Si funciona, extiéndelo al resto. Cambiar todo el archivo de golpe puede generar caos.

- -

 **EJEMPLO**

En Transportes López S. A., las facturas se codifican de la siguiente forma:

- F-2025-001 → Factura n.º 1 del año 2025
- F-2025-002 → Factura n.º 2 del año 2025

Y se archivan en carpetas separadas por año.

Continúa en página siguiente >>

<< Viene de página anterior

De este modo, cuando el departamento contable necesita una factura de 2023, sabe exactamente en qué carpeta y con qué código encontrarla.

 ## TAREA 3

Imagina que trabajas en una sede nueva de Transportes López y tienes que crear un sistema de codificación para los contratos de los nuevos clientes, que incluya: tipo de documento, año y número correlativo. Para ello, previamente, debes acceder a los archivos ya guardados en la sede principal para guiarte y realizar el mismo tipo de codificación. Te fijas en que tiene una letra identificativa del tipo de documento, el año y el número correlativo.

Explica cómo realizarías este sistema de codificación e indica ejemplos.

 ## APLICACIÓN PRÁCTICA

Formas parte del departamento de logística y tienes un compañero nuevo al cual le explicas el criterio de codificación que seguís en la empresa. Pero, como nuevo trabajador, te hace la siguiente pregunta: "El sistema de codificación de documentos, ¿qué nos permite?". De las siguientes opciones, ¿cuál sería tu respuesta?

a. Reducir el tamaño del archivo.
b. Identificar un documento de manera única.
c. Clasificar documentos por colores.
d. Eliminar documentos duplicados.

Solución

La respuesta correcta es la b, el sistema de codificación asigna a cada documento un código único (combinación de letras y/o números) que lo distingue de todos los demás.

---

4. Equipos, materiales y espacios para el archivo físico

☞ **HILO CONDUCTOR**

En la nave de distribución donde trabaja Javier, el archivo empezó a presentar un problema serio: las estanterías estaban sobrecargadas, las carpetas eran de distintos tamaños y colores, y nadie tenía claro si un documento estaba guardado en cajas, archivadores de anillas o cajones. El desorden provocaba pérdidas de tiempo, duplicación de documentos e incluso daños en algunos expedientes, causados por la humedad de la zona donde se almacenaban.

Ante esta situación, la empresa decidió invertir en nuevos equipos de archivo, materiales normalizados y un espacio acondicionado específicamente para la documentación. En pocos meses, el cambio fue evidente: el archivo ganó en seguridad, accesibilidad y conservación, reduciendo incidencias y facilitando el trabajo de Javier y sus compañeros.

El archivo físico no solo depende de la correcta clasificación y codificación de los documentos, sino también de los equipos, materiales y espacios destinados a su conservación. La elección del mobiliario, de los soportes de archivo y del lugar donde se almacenan los documentos influye directamente en la accesibilidad, la seguridad y la durabilidad de la información.

Los equipos de archivo (como archivadores, estanterías o cajas definitivas) proporcionan la estructura necesaria para guardar y organizar los documentos de acuerdo con su uso y con la frecuencia de consulta. Los materiales de archivo (carpetas, fundas, etiquetas, separadores) cumplen una función protectora y de apoyo en la clasificación, evitando el deterioro del papel y facilitando la identificación.

Por último, el espacio destinado al archivo debe reunir condiciones ambientales y de seguridad específicas: temperatura y humedad controladas, iluminación adecuada, mobiliario resistente y medidas que prevengan riesgos como incendios, humedad o accesos no autorizados.

Definimos los **equipos** como las estructuras o soportes donde se guardan los documentos. La elección del equipo que vamos a utilizar dependerá de la cantidad de documentos, de su frecuencia de uso y de la propia función del archivo (activo, semiactivo, inactivo). Dentro de todos ellos, distinguimos los siguientes:

- **Archivadores verticales.** Son los muebles en forma de cajonera que tienen guías para colgar carpetas.
  Permiten tener los documentos organizados y accesibles de una manera rápida, ya que, a través de las guías, las carpetas se deslizan más fácilmente.
  Suelen usarse para documentos de uso muy frecuente; por ejemplo, para guardar la documentación de un cliente que necesitemos recurrentemente para envíos.
- **Archivadores de palanca o anillas.** Son carpetas de cartón o plástico que incluyen un mecanismo metálico en forma de palanca para sujetar los documentos perforados con dos o cuatro agujeros.
  Permiten reunir un conjunto de documentos relacionados en un mismo lugar, diferenciándolos con carátulas o etiquetas.
  Suelen usarse para contratos, expedientes completos, facturas, etc. Por ejemplo, podemos tener todos los datos de un cliente en un único archivador de palanca y, a su vez, tenerlos separado por secciones; así dispondremos de toda la información de ese cliente en un único soporte.
- **Estanterías fijas o móviles.** Las estanterías nos permiten guardar archivadores, cajas, carpetas de gran tamaño, etc. Distinguimos entre:

  - Fijas: son más económicas y siempre se mantienen en un lugar fijo.
  - Móviles: suelen desplazarse por raíles y permiten aprovechar mejor el espacio, reduciendo el número de pasillos.

  Podemos usarlas para documentos o archivos que no se consultan con tanta frecuencia o que tenemos que dejar archivados durante años.
- **Cajas de archivo definitivo.** Son cajas de cartón reforzado, que protegen los documentos del polvo, la luz y la manipulación frecuentes. Están destinadas a conservar documentación que ha pasado a considerarse histórica, como contratos antiguos o escrituras, que se guardan en cajas de archivo rotuladas con un código identificativo.

NOTA

El equipo elegido debe responder a la frecuencia de uso del documento. No es lo mismo archivar una factura que se consulta a diario que un acta notarial que se revisa cada cinco años.

 **VÍDEO**

En el siguiente vídeo puedes ver diferentes consejos para organizar los documentos.

https://redirectoronline.com/3001040201

Otro aspecto importante del archivo físico son los materiales en los que se guardan los documentos, elegidos según su contenido y con el fin de garantizar una conservación adecuada.

Los materiales los definimos como aquellos soportes que protegen y guardan cada documento.

Entre los más utilizados encontramos los siguientes:

- **Carpetas simples o de anillas.** Las carpetas simples suelen ser de cartón o de plástico, y tienen la función de guardar documentos sueltos.
  Las carpetas de anillas incluyen el sistema metálico con dos o cuatro anillas, que sujeta los documentos previamente perforados.
  Ambos tipos de carpetas sirven para guardar documentos, por ejemplo, de un mismo expediente y acceder a ellos con mayor facilidad.
- **Carpetas colgantes.** Son carpetas que tienen ganchos en los extremos superiores, y están diseñadas para colocarse en archivadores verticales. Facilitan el acceso rápido, ya que se deslizan dentro del propio mueble y permiten visualizar el contenido gracias a las etiquetas visibles de identificación que tienen. Por ejemplo, las reclamaciones de clientes del año en curso se guardan en carpetas colgantes dentro de cajoneras, ya que son documentos que se consultan con frecuencia.
- **Fundas de plástico transparente.** Son protectores plásticos del tamaño de un folio, habitualmente, aunque hay de varios tamaños. Sirven para proteger los documentos de la manipulación y la humedad, y permiten ver el contenido sin necesidad de extraerlo.

- **Separadores y guías de colores.** Suelen ser láminas de cartón o plástico que se colocan dentro de los archivadores o carpetas que queremos dividir en secciones. Suelen ser de colores para poder distinguir e identificar las diferentes categorías. Mejoran la visibilidad y reducen el tiempo de búsqueda de documentos. Por ejemplo, dentro de un mismo archivador, los clientes nacionales se diferencian con separadores verdes y los internacionales con separadores rojos.
- **Etiquetas adhesivas con códigos.** Son adhesivos que se colocan en el lomo de carpetas, cajas o archivadores y que sirven para identificarlos a través de códigos o números. Nos permiten identificar de manera inmediata el contenido sin tener que abrir el soporte. Por ejemplo, cada caja de archivo definitivo lleva una etiqueta adhesiva con el código "C-2023-05" (contratos, año 2023, caja 05).

A la hora de archivar no nos podemos olvidar del **espacio** donde vamos a guardar dichos documentos, carpetas, etc. El espacio físico donde guardaremos la documentación debe cumplir ciertas condiciones:

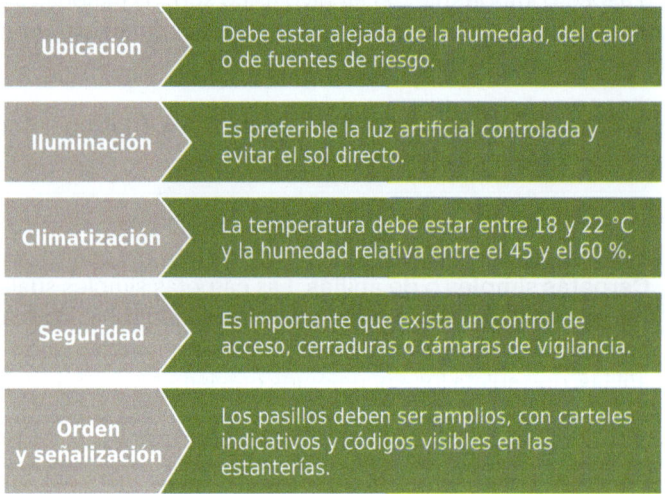

Ubicación	Debe estar alejada de la humedad, del calor o de fuentes de riesgo.
Iluminación	Es preferible la luz artificial controlada y evitar el sol directo.
Climatización	La temperatura debe estar entre 18 y 22 °C y la humedad relativa entre el 45 y el 60 %.
Seguridad	Es importante que exista un control de acceso, cerraduras o cámaras de vigilancia.
Orden y señalización	Los pasillos deben ser amplios, con carteles indicativos y códigos visibles en las estanterías.

 CONSEJO

Nunca coloques cajas de archivo directamente sobre el suelo. Usa estanterías elevadas al menos 10 cm para evitar daños causados por humedad o por inundaciones.

La UNESCO recomienda que los archivos históricos conserven los documentos en condiciones ambientales muy específicas: una temperatura constante de 18 °C y una humedad relativa del 50 %. Un exceso de humedad puede generar hongos, mientras que un ambiente demasiado seco deteriora el papel y las tintas.

Una de las formas de archivo para encontrar con facilidad los documentos es la de las carpetas colgantes.

EJEMPLO

En Transportes López S. A., se tomó la decisión de trasladar el archivo desde un sótano húmedo a una sala acondicionada con:

- Estanterías compactas móviles que ahorraron un 40 % de espacio.
- Cajas normalizadas de cartón libre de ácido para documentos históricos.
- Un sistema de climatización básico que mantiene la humedad bajo control.

El resultado fue un archivo más seguro, accesible y duradero, además de una reducción en el tiempo de búsqueda de documentos.

 **APLICACIÓN PRÁCTICA**

Formas parte del departamento de logística, y tienes que elegir un lugar físico donde almacenar la documentación. Entre las siguientes condiciones de conservación, ¿cuál crees que sería la correcta?

a. Temperatura 30 °C, humedad 70 %
b. Temperatura 18-22 °C, humedad 45-60 %
c. Temperatura 10 °C, humedad 20 %
d. Temperatura variable sin control

Solución

La opción correcta es la b. Estas condiciones son consideradas óptimas para la conservación de documentos en papel, porque evitan tanto el deterioro por exceso de humedad como la fragilidad por sequedad.

Una temperatura estable en torno a los 20 °C y una humedad relativa moderada permiten que el papel y las tintas se mantengan en buen estado durante más tiempo.

---

5. Seguridad, conservación y custodia de documentos

☞ **HILO CONDUCTOR**

En la nave de distribución donde trabaja Javier ocurrió un incidente inesperado: una tubería se rompió durante la noche y filtró agua en la zona donde se guardaban varias cajas con documentos históricos. Aunque se logró salvar la mayoría de los papeles, algunos expedientes quedaron dañados de manera irreversible.

A raíz de este problema, la empresa decidió reforzar las medidas de seguridad, de conservación y de custodia: instalaron estanterías metálicas elevadas, colocaron detectores de humedad y restringieron el acceso al archivo únicamente al personal autorizado. Gracias a estas mejoras, se redujo el riesgo de pérdidas documentales y aumentó la confianza de clientes y auditores.

Continúa en página siguiente >>

<< Viene de página anterior

Este caso dejó claro a Javier y a sus compañeros que la seguridad documental no es un lujo, sino una necesidad vital para la continuidad del trabajo en la nave.

El valor de un archivo no reside únicamente en la cantidad de documentos que contiene, sino también en la capacidad de la organización para preservarlos de forma segura a lo largo del tiempo. Por ello, la seguridad, la conservación y la custodia son pilares fundamentales de la gestión documental en soporte físico.

La seguridad se refiere a las medidas destinadas a proteger los documentos frente a riesgos físicos (incendios, humedad, plagas, robos) y frente a accesos no autorizados. La conservación busca garantizar que los documentos mantengan sus condiciones originales mediante un control ambiental adecuado, el uso de materiales apropiados y buenas prácticas de manipulación. Por su parte, la custodia implica la responsabilidad directa sobre la guarda, control y acceso a los documentos, asegurando su trazabilidad y el cumplimiento de los plazos legales de conservación.

Cuando hablamos de seguridad en los archivos, no solo nos referimos a evitar robos o accesos no autorizados, sino también a proteger los documentos frente a riesgos físicos, ambientales y humanos que puedan dañarlos o hacerlos inaccesibles.

A continuación, vamos a ver en qué consisten la seguridad física, ambiental y humana:

- ➲ **Seguridad física.** Principalmente se basa en proteger el espacio y los soportes donde están almacenados los documentos. Para ello, se pueden usar cerraduras y llaves controladas por personal autorizado, acceso restringido solo a personal autorizado, videovigilancia y mobiliario seguro (estanterías estables, archivadores apilados adecuadamente). Por ejemplo, se puede tener el archivo histórico en una sala cerrada con llave a la que solo tienen acceso dos personas en la empresa.
- ➲ **Seguridad ambiental.** Busca la prevención de daños provocados por el entorno mediante sistemas de protección contra incendios, como detectores de humo, extintores o rociadores especiales de aire para que no se dañe el papel.
  También se deben prevenir los efectos de la humedad mediante el uso de deshumidificadores, estanterías elevadas del suelo y control de fuga de aguas. Además, es importante controlar la temperatura y ventilación.

Por ejemplo, podemos instalar en nuestro almacén sensores de humedad y elevar las estanterías a 20 cm del suelo.

- **Seguridad en la manipulación.** Esta seguridad depende de cómo los empleados manipulen los documentos. Es recomendable utilizar fundas de plástico para los de uso frecuente; evitar grapas oxidadas, clips metálicos o pegamentos que puedan deteriorar el papel; usar guantes de algodón en los documentos más delicados, y proporcionar al personal formación adecuada sobre archivado y manipulación documental.
- **Seguridad en la información.** Entre los documentos se encuentran datos confidenciales, como los incluidos en nóminas, contratos o expedientes. Estos deben clasificarse por niveles de confidencialidad y contar con accesos diferenciados, ya que no todos los empleados pueden consultar cualquier tipo de documentación. Además, debe existir un registro de préstamos y devoluciones, así como unas normas internas de confidencialidad que todo empleado debe conocer y cumplir. Por ejemplo, los expedientes del departamento de recursos humanos están restringidos, pues solo pueden acceder a ellos los responsables de esa área.

NOTA

Un archivo seguro no solo protege la información, sino también la reputación de la empresa.

Otro aspecto que debemos tener en cuenta es la **custodia documental,** que definimos como un aspecto clave dentro de la gestión del archivo físico, ya que no se limita a guardar papeles, sino que implica asumir la **responsabilidad legal, administrativa y ética** sobre la guarda, el control y el acceso a los documentos.

Cuando una organización garantiza la custodia adecuada de sus documentos, asegura que la información esté disponible cuando se necesite, que no sea manipulada indebidamente y que se cumplan los plazos legales de conservación.

Para una buena custodia documental, debemos tener en cuenta una serie de aspectos fundamentales, tales como:

Definir responsables del archivo
- La empresa debe designar a una o a varias personas encargadas de la gestión del archivo. Su función es organizar, custodiar y supervisar el movimiento de documentos.

Registro de préstamos y devoluciones
- Todo movimiento de documentos debe quedar registrado: quién retira el documento, la fecha de salida, el motivo y la fecha prevista de devolución. De esta manera se mantiene la trazabilidad y se evitan extravíos.

Plazos de conservación según normativa
- No todos los documentos deben guardarse indefinidamente; cada país establece unos tiempos legales de conservación.
- Por ejemplo, en España las facturas deben conservarse al menos seis años (Código de Comercio); los documentos fiscales, cuatro años (Ley General Tributaria), y los expedientes laborales pueden variar según la normativa aplicable.

Protección de documentos confidenciales
- Algunos documentos contienen datos sensibles (p. ej. nóminas, contratos laborales, historiales médicos). Estos deben guardarse en lugares de acceso restringido (archivadores cerrados con llave o salas con control de acceso), ya que solo el personal autorizado puede manipularlos.

Para conseguir una adecuada custodia documental, podemos llevar a cabo una serie de **buenas prácticas:**

⮞ Establecer un manual de procedimientos de archivo donde quede reflejado cómo se custodian los documentos.
⮞ Realizar auditorías periódicas para comprobar que no falten documentos y que los plazos de conservación se cumplen.
⮞ Digitalizar copias de seguridad de documentos esenciales (sin sustituir al original cuando la ley exija conservarlo en papel).
⮞ Formar al personal en confidencialidad y manejo responsable de la información.

La confidencialidad de los documentos es un aspecto muy importante.

 **RECUERDA**

Cada vez que un documento salga del archivo, debe quedar registrado: quién lo retira, con qué finalidad y en qué fecha.

 SABÍAS QUE...

En España, la Ley 10/2001, de 13 de julio, de archivos y patrimonio documental establece la obligación de conservar ciertos documentos públicos de manera permanente por su valor histórico y jurídico. Aunque esta norma es para instituciones públicas, muchas empresas privadas aplican criterios similares para garantizar seguridad y trazabilidad.

 TAREA 4

En la empresa Transportes López S. A., el archivo central se encuentra en una sala anexa a la administración. Hasta ahora, cualquier empleado de la compañía podía entrar libremente a consultar o a retirar documentos sin pedir autorización.

Continúa en página siguiente >>

<< Viene de página anterior

Un día, durante una auditoría interna, se detectó que faltaban varias facturas del año anterior y que un contrato había sido manipulado sin que existiera constancia en ningún registro. La dirección sospecha que los documentos se retiraron sin control, pero no puede demostrarlo porque no existe un registro de accesos ni de préstamos.

¿Qué consecuencias puede tener que cualquier empleado tenga acceso libre al archivo central? Propón al menos tres medidas de control para evitar que vuelva a suceder.

 ## ACTIVIDAD 3

Formas parte del departamento de logística, y tienes que explicarle al nuevo compañero que trabajará contigo en el departamento de archivo en qué consiste la custodia documental. De las siguientes opciones, ¿cuál crees que define lo que es la custodia documental?

a. Digitalizar documentos.
b. Responsabilizarse de su guarda y control.
c. Cambiar carpetas cada año.
d. Guardarlos en un sótano.

----

6. Procedimientos de préstamo, control y resolución de incidencias

 ## HILO CONDUCTOR

En la nave de distribución donde trabaja Javier, el responsable jurídico solicitó un contrato firmado con un cliente para preparar una reclamación. El documento fue entregado en préstamo, pero nadie registró la salida. Semanas después, cuando otro departamento lo necesitó, nadie sabía dónde estaba. Tras varias

Continúa en página siguiente >>

<< Viene de página anterior

discusiones, finalmente apareció en el escritorio de un empleado que lo había olvidado allí.

A partir de este incidente, la dirección comprendió la necesidad de contar con protocolos claros de préstamo, control y resolución de incidencias. Desde entonces, cada documento que sale del archivo queda registrado en una ficha con la fecha de entrega, el nombre del responsable y la fecha prevista de devolución. Además, si ocurre una incidencia —como pérdida, retraso o deterioro—, existe un procedimiento estandarizado para resolverla rápidamente.

En toda empresa, los documentos en papel no permanecen siempre en el archivo; en muchas ocasiones deben salir temporalmente para ser consultados por distintos departamentos. Esta circulación de documentos implica una serie de riesgos: pérdidas, retrasos en la devolución, deterioro o incluso accesos indebidos.

Por ello, resulta imprescindible establecer procedimientos claros de préstamo y control, que garanticen la trazabilidad de cada documento desde que sale del archivo hasta que regresa. Además, es necesario contar con mecanismos para la resolución de incidencias, de modo que cualquier problema quede registrado y gestionado de manera rápida y eficaz.

DEFINICIÓN

Préstamo documental
Entrega temporal de un documento físico a un empleado o departamento, con la obligación de devolverlo en el mismo estado en que fue retirado.

A continuación, se muestran los pasos básicos del procedimiento:

Solicitud formal
El trabajador o departamento debe solicitar el documento (por escrito, correo interno o sistema de gestión).

Continúa en página siguiente >>

<< Viene de página anterior

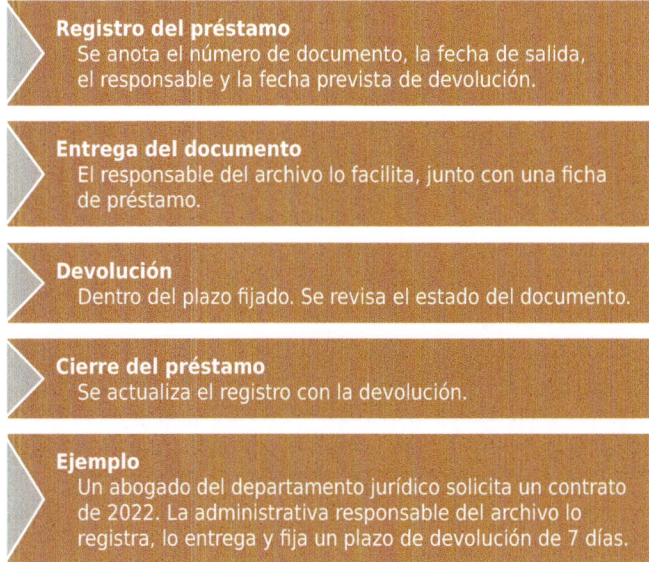

Registro del préstamo
Se anota el número de documento, la fecha de salida, el responsable y la fecha prevista de devolución.

Entrega del documento
El responsable del archivo lo facilita, junto con una ficha de préstamo.

Devolución
Dentro del plazo fijado. Se revisa el estado del documento.

Cierre del préstamo
Se actualiza el registro con la devolución.

Ejemplo
Un abogado del departamento jurídico solicita un contrato de 2022. La administrativa responsable del archivo lo registra, lo entrega y fija un plazo de devolución de 7 días.

El **control documental** garantiza que ningún documento se pierda ni se manipule indebidamente. Entre los mecanismos habituales para ello, distinguimos los siguientes:

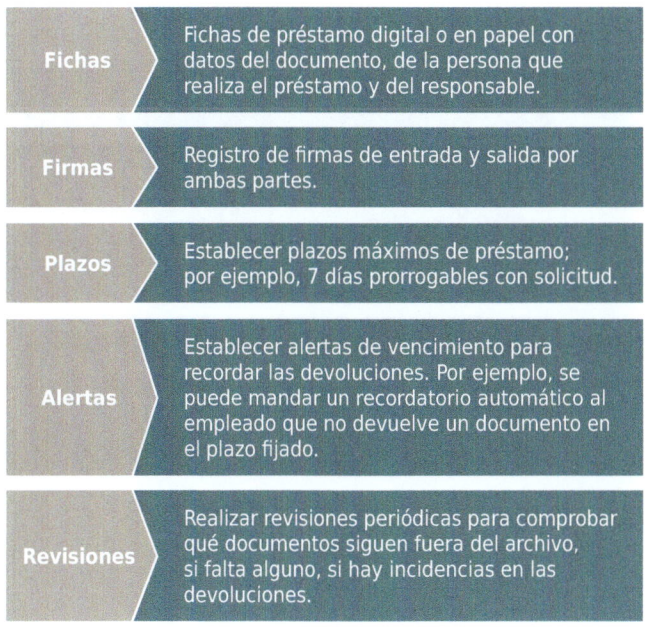

Fichas
Fichas de préstamo digital o en papel con datos del documento, de la persona que realiza el préstamo y del responsable.

Firmas
Registro de firmas de entrada y salida por ambas partes.

Plazos
Establecer plazos máximos de préstamo; por ejemplo, 7 días prorrogables con solicitud.

Alertas
Establecer alertas de vencimiento para recordar las devoluciones. Por ejemplo, se puede mandar un recordatorio automático al empleado que no devuelve un documento en el plazo fijado.

Revisiones
Realizar revisiones periódicas para comprobar qué documentos siguen fuera del archivo, si falta alguno, si hay incidencias en las devoluciones.

CONSEJO

Crea un libro de incidencias del archivo, donde se anoten todos los problemas y las medidas adoptadas. Esto permite aprender de los errores y prevenir que se repitan.

 SABÍAS QUE...

En algunas bibliotecas y archivos históricos, el préstamo externo está prohibido: los documentos solo pueden consultarse dentro de la sala de lectura. Esto garantiza que piezas únicas no se pierdan ni se deterioren.

Las **incidencias documentales** son problemas derivados del mal uso, la pérdida o el deterioro de un documento. Las más comunes son:

Extravío de documentos
Causados por préstamos sin registro, descuidos en las devoluciones, pérdidas de documentos. Se debe anotar el documento extraviado en un libro de incidencias e intentar recuperarlo con copias digitales, si hubiese, e imprimirlas de nuevo.

Deterioro o daño
Causado por una inadecuada manipulación, por roturas, dobleces, derrames de líquidos, etc. En este caso se debe registrar la incidencia, valorar una reparación y aplicar sanción si hubo negligencia.

Retraso en la devolución
Causado por el incumplimiento de los plazos por parte del usuario. Se debe avisar al responsable y bloquear al usuario para nuevos préstamos hasta que la situación se regularice.

 **EJEMPLO**

En Transportes López S. A., un empleado solicitó un expediente de transporte de hace dos años. El préstamo quedó registrado con fecha de salida y un plazo de devolución de 7 días. Al octavo día, el sistema detectó el retraso y se envió un aviso al empleado. El documento fue devuelto ese mismo día y el caso quedó anotado en el libro de incidencias.

 NOTA

Aunque en estos apartados nos hemos centrado en el archivo físico —su organización, equipos, materiales, seguridad, custodia y control—, es importante tener en cuenta que las empresas actuales están avanzando hacia la transformación digital de sus procesos documentales.

En los siguientes veremos cómo estos mismos principios —clasificación, conservación, custodia, control de accesos y resolución de incidencias— se aplican también en el archivo electrónico, con la diferencia de que la información se gestiona en entornos digitales.

De este modo, podrás comprobar que lo aprendido sobre el archivo físico es la base necesaria para comprender la gestión documental en formato digital.

 APLICACIÓN PRÁCTICA

Formas parte del departamento de logística, y tienes que realizar el control de préstamos. Te piden que hagas una hoja de control. De las siguientes opciones, ¿cuáles deberías incluir en una hoja de control de préstamos?

a. Nombre del solicitante y fecha de salida
b. El color de la carpeta
c. El nombre del archivero
d. La clave del sistema

Continúa en página siguiente >>

<< Viene de página anterior

Solución

La respuesta correcta es la a. Una hoja de control de préstamos debe contener la información mínima necesaria para garantizar la trazabilidad de los documentos:

- Solicitante del documento
- Documento que se retira (número de registro o descripción)
- Fecha de salida
- Fecha prevista de devolución
- Firma del solicitante (en algunos casos)

 ## ACTIVIDAD COMPLEMENTARIA

2. Investiga cómo las empresas actuales gestionan la organización y la seguridad de sus archivos físicos. Puedes centrarte en los siguientes aspectos:

- Tipos de archivo físico que utilizan (central, de oficina, intermedio, histórico)
- Métodos de clasificación y codificación más habituales en el día a día
- Equipos y materiales de archivo empleados en oficinas modernas
- Medidas de seguridad y conservación aplicadas en salas de archivo
- Procedimientos de préstamo y control en organizaciones que manejan documentación en papel

---

 ## TAREA 5

Eres parte del equipo administrativo de Transportes López S. A. La empresa ha recibido los siguientes documentos:

- Factura del proveedor de neumáticos (2023)
- Contrato laboral de un nuevo conductor
- Acta fundacional de la empresa (año 1995)
- Parte de accidente de tráfico ocurrido en abril de 2024
- Nómina de un trabajador correspondiente al mes de julio 2024

Continúa en página siguiente >>

<< Viene de página anterior

Identifica de qué tipo de archivo formaría parte cada documento (gestión, intermedio o histórico).

Justifica tu clasificación en función de las características y el contenido de cada documento.

---

7. Buenas prácticas en la gestión del archivo físico

☞ HILO CONDUCTOR

En la nave de distribución donde trabaja Javier, después de varios problemas con documentos extraviados, expedientes dañados y accesos no controlados, la dirección decidió dar un paso más allá: elaborar un manual de buenas prácticas para la gestión del archivo físico.

Este manual no era un documento técnico lleno de reglas complejas, sino una guía sencilla y clara para todos los empleados. Incluía desde cómo clasificar correctamente los documentos hasta cómo manipularlos de forma segura, pasando por normas de préstamo, custodia y medidas de seguridad ambiental.

Con la implantación de estas buenas prácticas, Javier notó un gran cambio en su día a día: las incidencias disminuyeron, los documentos se localizaban con mayor rapidez y el archivo transmitía una imagen mucho más profesional frente a auditores y clientes.

Las buenas prácticas en la gestión del archivo físico son un conjunto de recomendaciones que permiten mantener la documentación organizada, segura y accesible. A diferencia de las normas estrictamente legales, las buenas prácticas son pautas de calidad que refuerzan la eficiencia del archivo y previenen errores comunes. Su importancia radica en que, aplicadas de manera constante, garantizan:

- ➲ La protección del patrimonio documental de la empresa.
- ➲ La rapidez en la recuperación de información cuando se necesita.

- ⮕ El cumplimiento de responsabilidades legales y administrativas.
- ⮕ La reducción de incidencias relacionadas con pérdidas, deterioros o accesos indebidos.

A continuación, mostramos una serie de buenas prácticas generales, que pueden servirnos de guía para organizar y gestionar documentación:

- ⮕ **Clasificación.** Debe ser clara y uniforme. Tenemos que definir un criterio único de clasificación (alfabético, cronológico, numérico, temático) y aplicarlo en toda la empresa. Hay que evitar usar sistemas diferentes en cada departamento para no generar confusión.
- ⮕ **Codificación.** Debemos asignar a cada documento un código único que permita identificarlo y localizarlo con rapidez y mantener un registro actualizado de los códigos utilizados.
- ⮕ **Uso de equipos y materiales.** Debemos guardar los documentos de consulta frecuente en archivadores verticales o de palanca, conservar la documentación histórica en cajas de archivo definitivo —preferiblemente libres de ácido— y proteger los documentos con fundas y carpetas resistentes.
- ⮕ **Condiciones ambientales.** Debemos mantener la temperatura entre 18 y 22 °C y la humedad relativa entre 45 y 60 %, evitar la exposición directa a la luz solar o fuentes de calor y colocar estanterías elevadas del suelo para prevenir posibles daños por humedad.
- ⮕ **Seguridad física y de acceso.** Debemos limitar el acceso al archivo solo a personal autorizado, contar con cerraduras, control de llaves y, en su caso, videovigilancia, y registrar todos los préstamos y devoluciones de documentos.
- ⮕ **Custodia responsable.** Debemos nombrar responsables claros del archivo, establecer plazos de conservación según la normativa legal y restringir especialmente el acceso a documentos confidenciales (p. ej. nóminas o expedientes de personal).
- ⮕ **Gestión de incidencias.** Debemos anotar cualquier pérdida, retraso o daño en un libro de incidencias y definir procedimientos de solución (digitalización de emergencia, copias certificadas, avisos a responsables, etc.).
- ⮕ **Digitalización.** Debemos escanear documentos de gran valor legal o histórico para contar con una copia de respaldo. Mantener una copia digital no sustituye la obligación legal de conservar el papel, salvo en casos autorizados.

 **RECUERDA**

Aplicar estas buenas prácticas de manera sistemática permite a las organizaciones:

- Reducir riesgos de pérdida o deterioro.
- Aumentar la eficiencia en la búsqueda de documentos.
- Cumplir con la legislación vigente.
- Mejorar la confianza en la gestión documental de la empresa.

---

8. Resumen

La manera en que se organiza y gestiona el archivo físico puede considerarse la base tradicional de la gestión documental en las empresas. Aunque en la actualidad la digitalización es cada vez más frecuente, el papel sigue teniendo una gran relevancia legal, histórica y administrativa.

Distinguimos diferentes tipos de archivos según su función, registro y control: archivos de gestión, intermedios e históricos, así como archivos de oficina y archivos centrales. Todo movimiento de documentos debe quedar registrado para garantizar su trazabilidad.

En relación a la codificación y a la clasificación, podemos decir que la organización puede llevarse a cabo mediante sistemas alfabéticos, numéricos, cronológicos, geográficos o temáticos. La codificación permite identificar cada documento de forma única y evitar confusiones.

Si hablamos de los equipos, materiales y espacios, es importante tener en cuenta que los documentos se conservan en archivadores, estanterías y cajas definitivas, apoyados por materiales auxiliares como carpetas, fundas, separadores y etiquetas. El espacio del archivo debe cumplir determinadas condiciones ambientales y de seguridad.

Otros aspectos importantes son la seguridad, la conservación y la custodia, ya que la protección de los documentos requiere medidas frente a riesgos físicos (incendios, humedad, robos), buenas prácticas de manipulación y control de acceso a información confidencial. La custodia implica asumir la responsabilidad sobre la guarda y el uso correcto de los documentos.

Y, por último, no podemos olvidarnos del préstamo, el control y la resolución de incidencias. Los documentos que salen del archivo deben seguir un procedimiento formal de préstamo y devolución, con registros claros. Se deben establecer controles estrictos y protocolos para resolver incidencias como pérdidas, retrasos o deterioros.

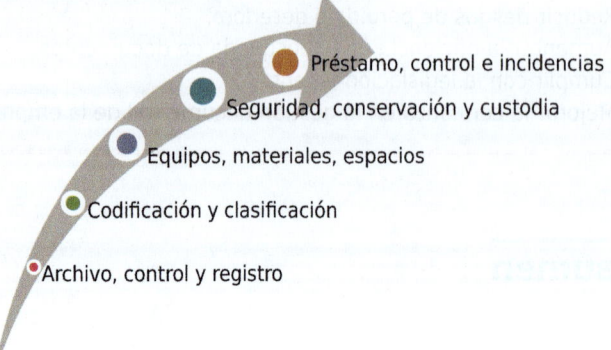

Préstamo, control e incidencias

Seguridad, conservación y custodia

Equipos, materiales, espacios

Codificación y clasificación

Archivo, control y registro

Ejercicios de autoevaluación
Unidad de aprendizaje 2

1. ¿Cuál es el archivo donde se guardan documentos de uso frecuente?

    a. Histórico
    b. Intermedio
    c. De gestión
    d. Central

2. El registro documental sirve para:

    a. Destruir documentos obsoletos.
    b. Dejar constancia de su existencia y movimientos.
    c. Clasificarlos por colores.
    d. Evitar la digitalización de documentos.

3. ¿Qué criterio de clasificación usarías para organizar facturas por mes?

    a. Geográfico
    b. Temático
    c. Cronológico
    d. Alfabético

4. Un código como "C-2025-045" significa:

    a. Carpeta 45 del archivo histórico
    b. Caja 45 del archivo central
    c. Copia duplicada de un contrato
    d. Contrato del año 2025, n.º 45

5. ¿Qué equipo es más adecuado para expedientes consultados diariamente?

    a. Estanterías compactas
    b. Archivadores verticales
    c. Cajas definitivas
    d. Carpetas históricas

6. ¿Cuál es la condición ambiental recomendada para la conservación de documentos?

    a. °C y 75 % de humedad
    b. °C y 20 % de humedad
    c. 18-22 °C y 45-60 % de humedad
    d. Temperatura variable

7. La custodia de documentos implica:

    a. Responsabilizarse de su guarda y control.
    b. Cambiar carpetas cada año.
    c. Guardarlos en cualquier espacio libre.
    d. Digitalizarlos siempre.

8. ¿Qué debe hacerse antes de entregar un documento en préstamo?

    a. Clasificarlo por tema.
    b. Cambiar el código.
    c. Hacer una copia obligatoria.
    d. Registrar la salida.

9. Una incidencia común en el archivo físico es:

    a. Duplicación de etiquetas
    b. Extravío de documentos
    c. Uso de carpetas nuevas
    d. Uso de códigos numéricos

10. El libro de incidencias del archivo sirve para:

    a. Clasificar documentos históricos.
    b. Contar el número de préstamos.
    c. Registrar problemas y soluciones.
    d. Sustituir el archivo digital.

El registro digital de documentos

Contenido

Objetivos

Los objetivos específicos de esta Unidad de Aprendizaje son:

→ Identificar ubicaciones adecuadas en un sistema digital de archivo y justificar su elección.

→ Archivar documentos en un sistema digital aplicando criterios de organización, nomenclatura y coherencia.

→ Actuar con responsabilidad y respetar la confidencialidad de la información digital.

1. Introducción

En la actualidad, las organizaciones se enfrentan a un entorno cada vez más digitalizado, en el que la información se produce, se comparte y se conserva mayoritariamente en formato electrónico. El registro digital de documentos surge como una respuesta a la necesidad de gestionar grandes volúmenes de información de manera eficiente, segura y accesible.

La evolución tecnológica ha transformado radicalmente la gestión documental. Lo que antes requería grandes salas de archivo físico, armarios repletos de expedientes y procesos manuales de búsqueda, hoy puede resolverse en segundos gracias a sistemas digitales. Este cambio no solo responde a una cuestión de comodidad o rapidez, sino también a exigencias legales, económicas y ambientales.

El archivo electrónico ofrece ventajas notables: permite reducir costes, agilizar procesos, minimizar el uso de papel, garantizar la trazabilidad de la información y facilitar la colaboración entre equipos ubicados en distintos lugares. Al mismo tiempo, plantea nuevos retos relacionados con la seguridad informática, la preservación a largo plazo y la necesidad de formación del personal.

En este contexto, las organizaciones deben comprender que digitalizar no es únicamente escanear documentos, sino también establecer un sistema completo que abarque todo el ciclo de vida documental: desde la creación o captura, hasta la conservación y eliminación segura, pasando por la clasificación, el control de accesos, la auditoría y las copias de respaldo.

Para comprender mejor este proceso, en los siguientes apartados seguiremos la experiencia de Javier, responsable de administración en una empresa de distribución, que se enfrenta al reto de transformar un archivo físico tradicional en un sistema digital eficiente y seguro. A través de su caso, se irán analizando las fases, ventajas, dificultades y buenas prácticas de la gestión documental electrónica.

2. Concepto y características del archivo electrónico

☞ **HILO CONDUCTOR**

Javier, responsable de administración en una empresa de distribución, había pasado años rodeado de archivadores repletos de contratos, facturas y albaranes. Sabía exactamente en qué estantería estaba cada documento, pero también era consciente del tiempo que perdía cada vez que tenía que localizar un papel antiguo.

Con la decisión de la dirección de implantar un archivo electrónico, la dinámica cambió radicalmente. Ahora, en lugar de recorrer pasillos y abrir cajas, Javier puede acceder a la documentación desde su ordenador con solo teclear el nombre del cliente o el número de contrato.

Al principio, la transición le generó dudas:

- ¿Sería seguro confiar en documentos que ya no estaban en papel?
- ¿Cómo garantizar que se conservaran a largo plazo?
- ¿Qué pasaría si alguien no autorizado accedía a la información?

Poco a poco fue entendiendo que el archivo electrónico no significaba simplemente "tener los documentos en el ordenador", sino que era un sistema completo que ofrecía accesibilidad inmediata, trazabilidad, seguridad y conservación en el tiempo.

La primera vez que un auditor externo pidió una serie de documentos y Javier los localizó en segundos, comprendió el verdadero valor del cambio: el archivo electrónico no era solo un recurso técnico, sino una herramienta estratégica que le permitía trabajar con mayor agilidad y confianza.

Un **archivo electrónico** es el conjunto organizado de documentos generados o digitalizados en formato digital, y gestionados mediante procedimientos y tecnologías que garantizan su conservación, acceso, control y uso a lo largo del tiempo.

No se trata simplemente de almacenar archivos en un ordenador, sino de establecer un sistema que asegure la validez jurídica, la integridad, la autenticidad y la disponibilidad de la información.

En este sentido, el archivo electrónico debe entenderse como parte esencial de la gestión documental moderna, ya que responde a la necesidad de las organizaciones de adaptarse a entornos cada vez más digitales, con flujos de información más rápidos y con mayores exigencias normativas.

Los formularios digitales y las encuestas en línea son ejemplos claros de cómo la documentación electrónica agiliza la recopilación y gestión de datos en la era digital.

2.1. Principales características del archivo electrónico

El archivo electrónico no se define únicamente por su soporte digital, sino también por una serie de características que lo distinguen del archivo físico y que lo convierten en una herramienta clave para la gestión documental moderna. A continuación, se muestran las principales características del archivo electrónico:

- **Accesibilidad inmediata.** Permite localizar documentos en cuestión de segundos gracias a sistemas de búsqueda avanzados.
  La información puede consultarse desde distintos dispositivos (ordenador, tableta, móvil).
  Favorece la colaboración entre departamentos y personas en distintas ubicaciones.
- **Organización estructurada.** Los documentos se clasifican en función de criterios definidos: fecha, cliente, expediente, código interno, etc.
  Se incorporan metadatos que permiten identificar el contenido, el autor, la fecha de creación o la versión de un documento.
- **Ahorro de espacio físico y costes.** Elimina la necesidad de mantener grandes almacenes de papel, estanterías o archivadores.
  Reduce gastos en material de oficina, transporte y mantenimiento.

- **Seguridad de la información.** Los documentos se protegen mediante contraseñas, encriptación y sistemas de control de acceso por roles.
Se registran los accesos y las modificaciones realizadas, lo que aporta transparencia y responsabilidad.
- **Trazabilidad.** Cada documento tiene asociado un historial que muestra quién lo creó, quién lo modificó y cuándo se consultó.
Este seguimiento es fundamental en auditorías, procesos legales o revisiones internas.
- **Conservación a largo plazo.** Los documentos digitales deben garantizar su legibilidad futura. Para ello, se utilizan estándares como PDF/A, diseñado para que un archivo pueda abrirse y leerse dentro de décadas sin perder formato o contenido.
- **Interoperabilidad y flexibilidad.** El archivo electrónico permite integrar información en diferentes formatos (PDF, *Word, Excel,* imágenes, correos electrónicos, vídeos).
Puede conectarse con otros sistemas de gestión empresarial (ERP, CRM, plataformas de facturación electrónica).
- **Sostenibilidad.** Contribuye a reducir el uso de papel, tinta y espacio de almacenamiento físico, lo que impacta de manera positiva en el medioambiente.

El archivo electrónico no es una opción secundaria, sino una necesidad estratégica para cualquier organización que busque:

- Mejorar la eficiencia de sus procesos.
- Reducir riesgos asociados a la pérdida o deterioro de documentos en papel.
- Cumplir con las normativas de protección de datos y conservación documental.
- Adaptarse a un mercado globalizado y digital, donde la información debe ser rápida, confiable y accesible.

 CONSEJO

Cuando implantes un archivo electrónico en tu empresa, empieza por digitalizar los documentos más utilizados (facturas, contratos, informes) antes de abordar el archivo histórico completo. Así, los empleados se acostumbran al sistema sin saturarlo desde el inicio.

2.2. Perspectiva normativa y legal

El **archivo electrónico** no puede desligarse del marco jurídico en el que se desarrolla. En muchos países existen leyes específicas que regulan la validez de los documentos digitales, la firma electrónica, la protección de datos personales y los plazos de conservación. Por ejemplo, en España, tenemos las siguientes ISO:

- **ISO 15489-1:** norma internacional sobre gestión documental
- **ISO 27001:** norma sobre sistemas de gestión de seguridad de la información

También hay que tener en cuenta las legislaciones nacionales sobre firma electrónica y protección de datos (como el RGPD en Europa). De este modo, el archivo electrónico debe gestionarse no solo desde el punto de vista técnico, sino también con un enfoque legal y organizativo.

 **RECUERDA**

El archivo electrónico no elimina por completo el papel: muchos documentos legales siguen requiriendo firma manuscrita o conservación en original. Lo importante es que ambos sistemas (físico y digital) se integren de manera coherente.

3. Sistemas de gestión documental (SGD) y su uso en la empresa

 HILO CONDUCTOR

Javier descubrió que tener los documentos en carpetas digitales no siempre era suficiente: los archivos se acumulaban y localizar uno concreto podía ser complicado. Con la implantación de un sistema de gestión documental (SGD), todo cambió. Ahora cada documento tiene metadatos, se busca en segundos y queda registrado quién lo consulta o modifica. Para Javier, fue el salto de un simple archivo digital a una herramienta realmente útil para organizar y controlar la información.

Un **sistema de gestión documental (SGD)** es una aplicación informática que permite capturar, almacenar, organizar, controlar, distribuir y recuperar documentos electrónicos de manera eficiente.

El **archivo electrónico** puede organizarse manualmente (carpetas en un ordenador o en la nube), pero, a medida que el volumen de información crece, se hace imprescindible un SGD que automatice procesos y garantice la correcta gestión del ciclo de vida documental.

Un **SGD** no solo reemplaza el archivo físico, sino que mejora sustancialmente la gestión de la información, reduciendo tiempos de búsqueda, aumentando la seguridad y eliminando la duplicidad de documentos. En entornos empresariales, donde se generan cientos o miles de documentos diariamente, contar con un SGD es esencial para mantener la eficiencia operativa.

 **EJEMPLO**

La empresa gestionaba cientos de facturas al mes. Antes, estas se guardaban en carpetas compartidas en el servidor, lo que ocasionaba problemas de duplicados y pérdida de tiempo en búsquedas.

Con la implantación de un SGD, ahora pueden:

- Escanear facturas de proveedores y asociarlas automáticamente al número de pedido.
- Consultar albaranes filtrando por cliente y por fecha en segundos.
- Asignar permisos: el departamento de contabilidad accede a facturas, mientras que el de logística consulta albaranes, lo cual evita confusiones.
- Generar alertas cuando un documento está pendiente de revisión o de firma digital.

3.1. Principales funciones de un sistema de gestión documental

Un **sistema de gestión documental (SGD)** se compone de distintos elementos que, al integrarse, permiten capturar, organizar, proteger y recuperar la información de manera eficiente. Conocer sus principales funciones es fundamental para entender cómo funciona y qué aporta a la empresa, ya que cada una de ellas cumple un papel específico en el ciclo de vida de los documentos. A continuación, se muestran las principales funciones:

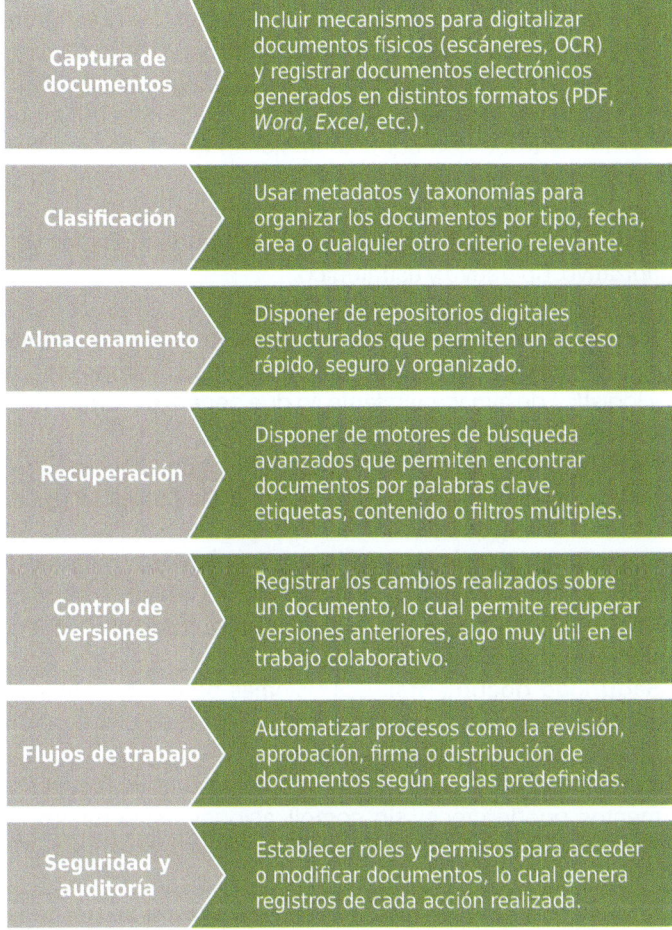

Captura de documentos	Incluir mecanismos para digitalizar documentos físicos (escáneres, OCR) y registrar documentos electrónicos generados en distintos formatos (PDF, *Word, Excel,* etc.).
Clasificación	Usar metadatos y taxonomías para organizar los documentos por tipo, fecha, área o cualquier otro criterio relevante.
Almacenamiento	Disponer de repositorios digitales estructurados que permiten un acceso rápido, seguro y organizado.
Recuperación	Disponer de motores de búsqueda avanzados que permiten encontrar documentos por palabras clave, etiquetas, contenido o filtros múltiples.
Control de versiones	Registrar los cambios realizados sobre un documento, lo cual permite recuperar versiones anteriores, algo muy útil en el trabajo colaborativo.
Flujos de trabajo	Automatizar procesos como la revisión, aprobación, firma o distribución de documentos según reglas predefinidas.
Seguridad y auditoría	Establecer roles y permisos para acceder o modificar documentos, lo cual genera registros de cada acción realizada.

 **RECUERDA**

Un SGD no es solo un repositorio de documentos: es una **herramienta estratégica** que permite integrar la información documental en los procesos clave de la empresa.

3.2. Beneficios, herramientas y claves para la implementación de un SGD

Los **sistemas de gestión documental (SGD)** no solo representan una solución tecnológica para almacenar archivos, sino una estrategia que transforma la manera en que las empresas gestionan su información. Adoptar un SGD aporta beneficios tangibles, como el ahorro de recursos, la eficiencia y la seguridad; ofrece distintas opciones de *software* adaptadas a cada organización; y exige una correcta implementación basada en diagnóstico, formación y buenas prácticas.

Un sistema de gestión documental (SGD) aporta múltiples ventajas a nivel organizativo, operativo y estratégico:

⮕ **Reducción del uso de papel.** Al disponer de la documentación digitalizada, se reduce drásticamente la necesidad de impresión, archivo físico y logística de almacenamiento, lo que genera un ahorro económico y un impacto positivo en la sostenibilidad.

⮕ **Eficiencia operativa.** Los empleados pueden acceder a la información en cuestión de segundos, mejorando así la productividad y reduciendo tiempos de búsqueda.

⮕ **Cumplimiento normativo.** En departamentos o sectores donde la normativa exige conservar la documentación (recursos humanos, contabilidad, logística, etc.), el SGD facilita la organización y conservación de los documentos conforme a la ley.

⮕ **Seguridad documental.** Los sistemas permiten establecer niveles de acceso, trazabilidad y registros de actividad, evitando pérdidas, filtraciones o manipulaciones indebidas.

⮕ **Escalabilidad.** Al no depender de espacio físico, el volumen de documentos puede crecer sin complicaciones estructurales, garantizando flexibilidad ante las necesidades futuras de la organización.

En el mercado existen distintos **tipos de *software*** de gestión documental, cada uno con características y enfoques específicos. Los más conocidos son los siguientes:

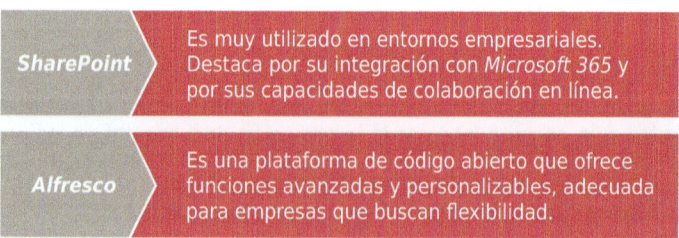

SharePoint — Es muy utilizado en entornos empresariales. Destaca por su integración con *Microsoft 365* y por sus capacidades de colaboración en línea.

Alfresco — Es una plataforma de código abierto que ofrece funciones avanzadas y personalizables, adecuada para empresas que buscan flexibilidad.

Continúa en página siguiente >>

<< Viene de página anterior

DocuWare	Está orientado a pymes. Combina facilidad de uso con procesos automatizados de archivo y recuperación documental.
OpenText	Es una solución robusta, diseñada para grandes organizaciones que requieren gestionar flujos documentales complejos y de gran volumen.
M-Files	Se diferencia por su enfoque en la clasificación inteligente, basada en el contenido de los documentos más que en su ubicación.

Para que la implantación de un SGD sea efectiva, no basta con instalar el *software:* es necesario planificar y acompañar el cambio con medidas organizativas y culturales. Los principales requisitos son:

- **Diagnóstico previo.** Consiste en analizar el volumen de documentos ya existentes, los procesos internos que requieren documentación y las necesidades de acceso de cada área.
- **Capacitación del personal.** Formar a los empleados en el manejo del sistema y sensibilizarlos sobre la importancia de mantener buenas prácticas de gestión documental.
- **Reglas de clasificación y nomenclatura.** Definir criterios uniformes para nombrar archivos, establecer categorías y fijar plazos de conservación.
- **Estrategia de respaldo y contingencia.** Garantizar la seguridad de la información mediante copias de seguridad periódicas y protocolos de recuperación ante posibles fallos técnicos.

RECUERDA

Los sistemas de gestión documental representan una herramienta fundamental para las empresas que desean mejorar sus procesos internos, reducir errores y adaptarse a las exigencias normativas actuales en un entorno cada vez más digitalizado.

4. Procesos de digitalización: estándares, herramientas y buenas prácticas

☞ HILO CONDUCTOR

Cuando llegó el momento de digitalizar el archivo físico, Javier entendió que no bastaba con escanear papeles. Algunos documentos quedaban borrosos, otros no podían buscarse por contenido. Gracias al uso de estándares de digitalización y OCR, los expedientes se transformaron en archivos legibles, seguros y fáciles de localizar. Javier vio que la digitalización no era solo "hacer copias", sino garantizar calidad y utilidad a largo plazo.

La **digitalización documental** es el proceso mediante el cual los documentos físicos (en papel) se convierten en archivos digitales mediante escáneres u otros dispositivos tecnológicos. Este proceso no solo implica escanear un documento, sino también integrarlo en un sistema de gestión documental que asegure su organización, conservación, calidad, integridad y accesibilidad a lo largo del tiempo.

Digitalizar documentos permite optimizar los procesos administrativos, reducir el uso de papel, mejorar el acceso a la información y garantizar la trazabilidad de los documentos. Además, ayuda a cumplir con las normativas actuales sobre protección de datos, conservación documental y sostenibilidad ambiental.

El proceso de digitalización sigue una serie de **etapas** que garantizan la correcta conversión de los documentos físicos a formato electrónico, asegurando su calidad, su legibilidad y su valor a largo plazo. A continuación, se muestran las diferentes etapas:

- **Selección de documentos.** Definir qué se debe digitalizar. Por ejemplo: contratos, albaranes y facturas.
- **Preparación física.** Retirar cualquier elemento que dificulte el escaneo, como grapas, clips, etc.
- **Escaneo.** A través de un escáner, capturar los documentos físicos para convertirlos en digitales.
- **Procesamiento.** Optimización de la imagen y aplicación de OCR (reconocimiento óptico de caracteres), mediante el cual las imágenes se convierten en texto editable.
- **Indexación.** Asignar metadatos. Por ejemplo: factura, fecha, cliente.

➲ **Almacenamiento.** Guardar en formatos seguros y normalizados, como por ejemplo en PDF.
➲ **Control de calidad.** Verificar la legibilidad y la correcta indexación.
➲ **Integración en el SGD.** Clasificar, dar permisos de acceso a quien corresponda y realizar copias de seguridad.

La aplicación de estándares internacionales en la digitalización asegura que los documentos electrónicos mantengan su integridad, su validez y su accesibilidad en el tiempo, independientemente de los cambios tecnológicos.

 **DEFINICIÓN**

Estándar en la digitalización

Es un conjunto de normas, criterios técnicos y buenas prácticas reconocidos a nivel nacional o internacional, que establecen cómo deben llevarse a cabo los procesos de conversión de documentos físicos a electrónicos para garantizar su calidad, legibilidad, interoperabilidad y conservación a largo plazo.

A continuación, se muestran los diferentes estándares de digitalización:

PDF	Es un formato estándar internacional (ISO 19005) para el archivado a largo plazo de documentos electrónicos. Garantiza que el documento mantenga su apariencia y su contenido con el paso del tiempo, sin depender de software externo.
OCR	Reconocimiento óptico de caracteres: técnica que convierte la imagen escaneada de un texto en texto editable. Es fundamental para la indexación y recuperación de información.
ISO 27001	Es la norma sobre sistemas de gestión de seguridad de la información, aplicable a proyectos de digitalización con alta sensibilidad de datos.
ISO 30300 y 30301	Son las normas sobre sistemas de gestión para los documentos, orientadas a asegurar la calidad de la gestión documental digital.

Existen diversas **herramientas** y tecnologías que facilitan la captura, el trata-miento y la gestión de los documentos digitalizados, y que se adaptan a las necesidades de cada organización y al volumen documental que se debe gestionar. Algunas de ellas se muestran a continuación:

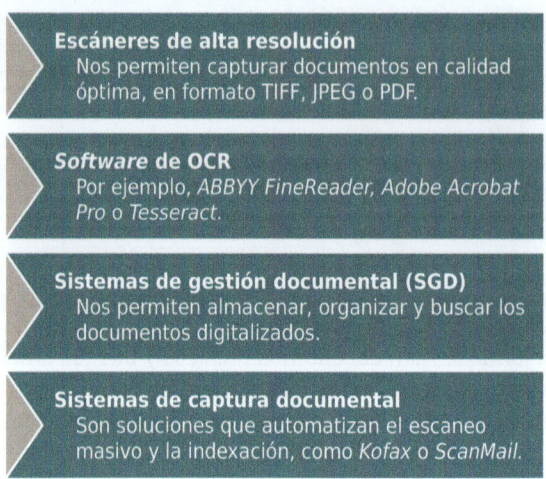

Adoptar **buenas prácticas en la digitalización** es esencial para garantizar la fiabilidad del sistema, optimizar recursos y evitar errores que comprome-tan la seguridad o la utilidad de los documentos. A continuación, se mues-tran una serie de buenas prácticas:

- **Planificación previa.** Tenemos que verificar qué documentos se deben digitalizar, con qué frecuencia y bajo qué criterios.
- **Resolución adecuada.** Lo recomendable es escanear a 300 dpi (puntos por pulgada), como mínimo, para garantizar la legibilidad.
- **Indexación precisa.** Hay que aplicar metadatos (como título, autor, fe-cha, tipo de documento, etc.) para facilitar las posteriores búsquedas.
- **Validación de calidad.** Es importante revisar cada lote escaneado para asegurarnos de que los documentos no están incompletos, borrosos o mal clasificados. Es mejor una revisión a tiempo que un error en el futuro, cuyas consecuencias pueden ser mayores.
- **Seguridad.** Tenemos que proteger el acceso a los documentos digitali-zados mediante contraseñas, cifrados y controles de roles. Es decir, con-trolar quién tiene acceso y a qué documentos.
- **Respaldo.** Es importante realizar copias de seguridad periódicas en dife-rentes ubicaciones, servidores o servicios en la nube.

EJEMPLO

Una empresa del sector logístico digitaliza sus albaranes de entrega mediante un escáner automático conectado al SGD. Cada albarán es indexado automáticamente por número de pedido, fecha y cliente. Gracias al OCR, los responsables pueden buscar por palabras clave, como el nombre del producto o la ciudad de entrega, mejorando así la eficiencia en la resolución de incidencias.

Aunque la digitalización aporta grandes beneficios, es frecuente cometer **errores** que afectan la calidad y la seguridad de los documentos; identificarlos y prevenirlos es clave para garantizar un proceso exitoso. Los errores más comunes que se deben evitar son los siguientes:

- Escanear a baja resolución, lo que dificulta la lectura y la búsqueda.
- No aplicar OCR, lo que convierte los documentos en simples imágenes sin utilidad avanzada.
- Guardar archivos con nombres genéricos o sin estructura, lo que dificulta su identificación futura.
- Falta de control de versiones, lo que puede llevar a utilizar versiones desactualizadas del documento.

CONSEJO

No lo digitalices todo a la vez. Prioriza:

1. Documentos de uso frecuente
2. Documentos con valor legal
3. Documentos cuya conservación en papel resulte costosa o complicada

ACTIVIDAD 4

El OCR (reconocimiento óptico de caracteres) es una herramienta muy utilizada en los procesos de digitalización de documentos. Gracias a esta tecnología, un

Continúa en página siguiente >>

<< *Viene de página anterior*

documento escaneado deja de ser solo una imagen y adquiere nuevas posibilidades de uso. ¿Qué permite el proceso de OCR en la digitalización?

TAREA 6

La empresa en la que trabajas ha establecido esta norma de nomenclatura para sus documentos digitales:

- AÑO_MES_DIA_TIPO_DOCUMENTO_NOMBRE_CLIENTE/PROVEEDOR

Además, el sistema de carpetas se organiza así:

- Facturación → facturas emitidas y recibidas
- Pedidos → órdenes y confirmaciones
- Almacén → albaranes de entrada y salida, informes de *stock*

Se deben archivar los siguientes documentos:

1. Una factura emitida el 15 de marzo de 2025 a Translogística S. A.
2. Un albarán de salida correspondiente al pedido del 2 de febrero de 2025, entregado al cliente Mercadona.
3. Una orden de pedido realizada el 10 de abril de 2025 al proveedor Palets Europa.

Asigna un nombre a cada archivo siguiendo la norma indicada, especifica en qué carpeta debe ubicarse cada uno y explica por qué una nomenclatura clara y homogénea facilita el trabajo en un sistema digital.

---

5. Almacenamiento en la nube, seguridad informática y copias de seguridad

 ## HILO CONDUCTOR

Un día, una caída de la red hizo imposible acceder a los documentos durante horas. Esto le hizo ver a Javier la importancia de la seguridad informática y de las copias de seguridad. Tras implantar almacenamiento en la nube con accesos protegidos y *backups* automáticos, la empresa pudo trabajar con tranquilidad: incluso ante un fallo o pérdida, la información siempre estaba a salvo.

El **almacenamiento en la nube** consiste en guardar documentos y datos en servidores remotos a los que se accede a través de internet. Esto permite disponer de la información desde cualquier lugar y dispositivo, siempre que se cuente con conexión.

 ## DEFINICIÓN

Nube
En términos informáticos, es un gran almacén virtual donde guardamos archivos sin necesidad de ocupar espacio en nuestro ordenador o móvil. En lugar de llevar un *pendrive,* los documentos se suben a servidores remotos y se pueden abrir desde cualquier dispositivo con conexión a internet. Ejemplos muy conocidos son *Google Drive, iCloud* o *Dropbox,* que permiten guardar documentos, archivos y acceder a ellos en cualquier momento y lugar.

En un entorno empresarial, el almacenamiento en la nube debe ir acompañado de medidas de seguridad informática y **copias de seguridad (***backups)* que garanticen la disponibilidad y la protección de los documentos.

El almacenamiento en la nube se ha convertido en una herramienta fundamental para las empresas de logística y gestión de almacenes. No solo permite guardar grandes volúmenes de documentación digital, sino también integrarla con los sistemas que controlan inventarios, pedidos y movimientos de mercancía.

El almacenamiento en la nube permite acceder, compartir y proteger documentos digitales desde cualquier lugar, ofreciendo flexibilidad y seguridad en entornos empresariales.

En un almacén moderno, cada operación genera información: órdenes de pedido, facturas, albaranes, certificados de calidad, informes de *stock,* etc. Cuando toda esta documentación se guarda en servidores locales, se corre el riesgo de saturar el espacio, perder información por fallos técnicos o dificultar el acceso a los empleados de diferentes sedes.

La nube resuelve estos problemas, al ofrecer un entorno centralizado y accesible desde cualquier lugar. En la práctica, esto significa que:

Supervisores de almacén pueden consultar en tiempo real la documentación de un pedido desde un dispositivo móvil.

Departamentos de compras y logística comparten al instante documentos con proveedores, evitando retrasos en la recepción de mercancías.

Gestores de inventario acceden a informes actualizados y a los documentos relacionados con cada lote almacenado.

Además, los proveedores de servicios en la nube ofrecen escalabilidad, lo que resulta esencial en empresas de almacenaje que experimentan picos de actividad estacional. Por ejemplo, durante campañas como Navidad o rebajas, la nube permite aumentar la capacidad de almacenamiento digital sin necesidad de invertir en más servidores locales.

 **EJEMPLO**

La empresa decide migrar su archivo digital a un servicio de nube híbrida:

- Documentos de trabajo diario (albaranes, facturas) se guardan en una nube pública (p. ej. *Microsoft 365)*.
- Documentos sensibles (contratos con clientes, datos de empleados) se guardan en una nube privada, con mayores garantías de seguridad.
- El departamento de IT configura copias automáticas cada 24 horas, que se guardan en un servidor físico en la oficina y otra en un servicio remoto seguro.
- Los empleados acceden mediante autenticación multifactor, para reducir riesgos de accesos no autorizados.

Gracias a este sistema, si se produce una caída de internet o un ciberataque, la empresa puede recuperar la información rápidamente desde una copia de seguridad.

 VÍDEO

En el siguiente enlace puedes conocer las mejores nubes de almacenamiento en 2025.

https://redirectoronline.com/3001040301

Existen diferentes **modelos de nube** (pública, privada e híbrida), cada uno con características que lo hacen más adecuado según el tamaño de la organización, la sensibilidad de la información y el nivel de control que se desee mantener sobre los datos. A continuación, explicamos en qué consiste cada una:

Nube pública	Es un modelo de almacenamiento y servicios en la nube gestionado por un proveedor externo (como *Amazon Web Services, Microsoft Azure* o *Google Cloud)*, al que varias organizaciones acceden de forma compartida. Ofrece gran capacidad de escalabilidad y menores costes iniciales, pero con menos control directo sobre la infraestructura. Se trata de servicios como *Google Drive, OneDrive o Dropbox Business,* donde la infraestructura es compartida.
Nube privada	Es un entorno en la nube creado y utilizado exclusivamente por una sola organización. Puede estar alojado en sus propias instalaciones o gestionado por un proveedor externo, pero, en cualquier caso, se dedica de forma exclusiva a la empresa, garantizando mayor control, personalización y seguridad de los datos.
Nube híbrida	Es una combinación de nube pública y privada que permite a la empresa aprovechar lo mejor de ambas: se utilizan recursos públicos para operaciones generales o de menor riesgo, y la nube privada para información crítica o confidencial. Este modelo aporta flexibilidad y equilibrio entre costes, control y seguridad.

El uso de la nube aporta múltiples **beneficios** a la gestión documental, como por ejemplo:

- ⮞ Acceso desde cualquier lugar
- ⮞ Colaboración en tiempo real
- ⮞ Escalabilidad (ampliar espacio según necesidades)
- ⮞ Reducción de costes en infraestructura propia

Si nos contramos en el aspecto del almacenaje, el uso de la nube nos proporciona las siguientes ventajas:

Acceso en tiempo real - Acceso en tiempo real - Facilita la coordinación entre almacenes centrales, transportistas y delegaciones.

Continúa en página siguiente >>

<< Viene de página anterior

Integración con SGA
- La nube permite que documentos como albaranes electrónicos se vinculen directamente a movimientos de *stock*.

Colaboración con proveedores
- Agiliza el intercambio de información documental sin depender de envíos físicos o correos electrónicos con adjuntos pesados.

Seguridad y trazabilidad
- Se establece un control para saber quién accede a cada documento, garantizando la fiabilidad en operaciones críticas.

Optimización de espacio y costes
- Se evita invertir en *hardware* y mantenimiento de servidores locales, y es especialmente útil para pymes del sector logístico.

 **RECUERDA**

El almacenamiento en la nube no solo es una solución tecnológica, sino también una herramienta estratégica para la eficiencia de los almacenes, ya que mejora la gestión documental, la coordinación entre actores y la capacidad de respuesta ante cambios en la demanda.

A pesar de sus ventajas, el almacenamiento en la nube plantea riesgos asociados a la seguridad, la dependencia tecnológica y el cumplimiento legal, lo que obliga a las empresas a tomar medidas preventivas y estratégicas. Entre los riesgos se encuentran:

- Dependencia de conexión a internet
- Posibles vulnerabilidades de seguridad
- Cumplimiento legal (protección de datos, RGPD en Europa)

Por otro lado, garantizar la **seguridad de los archivos digitales** es fundamental para proteger la información de la empresa frente a accesos no autorizados, pérdida de datos o ciberataques. En conjunto, estas medidas convierten al archivo digital en un sistema seguro, confiable y auditado, reduciendo riesgos de pérdidas, accesos indebidos o incumplimientos legales.

 SABÍAS QUE...

El ciberataque por *ransomware* más costoso registrado hasta ahora obligó a una multinacional de logística a paralizar sus operaciones durante semanas, perdiendo millones de euros. Tener copias de seguridad actualizadas es la mejor defensa frente a este tipo de ataques.

Para lograrlo, se aplican diversas medidas que fortalecen tanto el acceso como la gestión de la documentación:

- **Contraseñas.** Una contraseña segura debe incluir mayúsculas, minúsculas, números y caracteres especiales, y evitar combinaciones evidentes como "12345" o "admin".
  Se recomienda renovarlas cada cierto tiempo.
  En entornos empresariales, es aconsejable usar gestores de contraseñas que permitan a los empleados tener claves únicas y seguras sin necesidad de memorizarlas todas.
- **Autenticación.** Consiste en añadir una segunda capa de seguridad al iniciar sesión.
  Además de la contraseña, el usuario debe confirmar su identidad con un código recibido en el móvil, una huella dactilar o un *token* de seguridad. De este modo, aunque una contraseña se vea comprometida, el acceso no se completará sin el segundo factor.
- **Cifrado de datos.** En tránsito: asegura que la información esté protegida mientras se transmite por internet (por ejemplo, al enviar un documento a la nube).
  En reposo: protege los datos cuando están almacenados en servidores o dispositivos, de manera que, aunque alguien acceda al archivo sin permiso, no pueda leerlo sin la clave de descifrado.
  El cifrado es esencial en documentos sensibles como facturas, contratos o datos de clientes.
- **Roles.** No todos los empleados deben acceder a todos los documentos. La empresa debe definir roles de usuario (administrador, editor, lector) y asignar permisos según las funciones de cada puesto.
  Esto reduce el riesgo de errores, fugas de información y manipulaciones indebidas.

Por ejemplo: el personal de almacén puede consultar albaranes, pero no editar facturas de contabilidad.

➲ **Auditorías.** Los sistemas digitales permiten registrar quién accede a cada documento, cuándo lo hace y qué cambios realiza.

Estos registros son muy útiles para detectar comportamientos anómalos o accesos indebidos.

En auditorías internas o externas, aportan trazabilidad y transparencia sobre la gestión documental.

Las **copias de seguridad** son la principal garantía para recuperar documentos en caso de fallos técnicos, ciberataques o pérdidas accidentales, asegurando la continuidad de los procesos en la organización. No deben considerarse opcionales, sino parte fundamental de cualquier política de gestión documental.

Existen diferentes **tipos de *backup,*** cada uno con ventajas y desventajas en cuanto a tiempo de ejecución, espacio requerido y nivel de protección. Algunos se muestran a continuación:

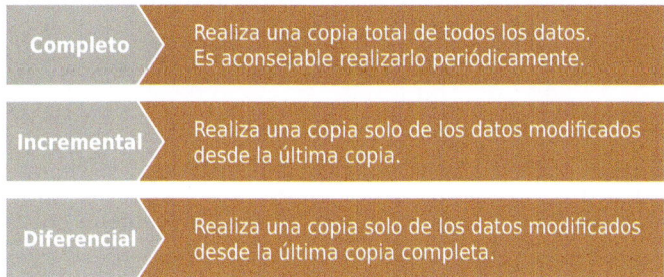

Completo — Realiza una copia total de todos los datos. Es aconsejable realizarlo periódicamente.

Incremental — Realiza una copia solo de los datos modificados desde la última copia.

Diferencial — Realiza una copia solo de los datos modificados desde la última copia completa.

Aplicar buenas prácticas en las copias de seguridad —como la regla 3-2-1, la automatización y la verificación periódica— es clave para garantizar que los datos estarán siempre disponibles cuando se necesiten. A continuación, se muestran una serie de buenas prácticas:

➲ Aplicar la regla 3-2-1: tres copias, en dos medios distintos, una fuera del sitio (nube o almacenamiento externo).

➲ Realizar pruebas periódicas de restauración para asegurar que los *backups* son funcionales.

➲ Encriptar las copias para evitar accesos no autorizados.

➲ Automatizar los procesos de *backup* para garantizar regularidad y minimizar errores humanos.

 **EJEMPLO**

Una empresa distribuidora digitaliza facturas y contratos, los almacena en una nube privada cifrada, y realiza copias de seguridad automáticas diarias que se replican en una ubicación secundaria. Todos los accesos están protegidos por doble autenticación y solo el personal autorizado puede modificar los documentos.

 RECUERDA

El uso de almacenamiento en la nube combinado con medidas de seguridad informática y una estrategia sólida de copias de seguridad garantiza la protección, la integridad y la disponibilidad de los documentos digitales. Es un componente indispensable para cualquier organización que quiera proteger su información en un entorno digital competitivo y regulado.

 TAREA 7

En el servidor de la empresa se han creado estas carpetas principales:

- Clientes (contratos, pedidos y comunicaciones con clientes)
- Facturación (facturas emitidas y recibidas)
- Recursos humanos (nóminas, contratos laborales, seguros sociales)
- Almacén (informes de *stock*, albaranes, inventarios)

Se reciben los siguientes documentos:

- Póliza de seguro de un camión de reparto
- Contrato laboral de un nuevo mozo de almacén
- Factura electrónica de un pedido de palés enviado a la empresa Distribuciones López S. L.
- Albarán de entrada de mercancía recibido ayer
- Informe anual de incidencias en pedidos de clientes

Indica en qué carpeta archivarías cada documento y justifica brevemente la elección de ubicación en, al menos, tres de los cinco documentos.

6. Ventajas e inconvenientes de los archivos electrónicos frente a los físicos

 HILO CONDUCTOR

Con el tiempo, Javier comparó ambos sistemas: el físico y el digital. El archivo electrónico le ofrecía rapidez, seguridad y menos costes, pero también le recordaba que dependía de la tecnología y la conectividad. Comprendió que lo ideal no era elegir entre uno u otro, sino combinar ambos de forma inteligente, aprovechando las ventajas del mundo digital sin olvidar las garantías del papel.

- -

El paso del archivo físico al archivo electrónico no significa eliminar por completo el papel, sino combinar ambos sistemas de manera estratégica. Sin embargo, cada uno presenta ventajas e inconvenientes que conviene conocer para tomar decisiones adecuadas en la gestión documental de la empresa.

La evolución tecnológica ha transformado radicalmente la manera en que las organizaciones gestionan su información. El paso del archivo físico al archivo electrónico ha supuesto una mejora significativa en eficiencia, accesibilidad y seguridad, pero también ha traído consigo nuevos retos.

Un **archivo físico** consiste en documentos impresos almacenados en carpetas, archivadores o estanterías. Requiere espacio físico, mantenimiento y procesos manuales para su consulta y organización. Por el contrario, un **archivo electrónico** permite almacenar documentos en formato digital, gestionarlos mediante *software* específico y acceder a ellos desde múltiples ubicaciones.

💬 **CONSEJO**

La mejor estrategia suele ser un **sistema mixto o híbrido:** mantener digitalizados los documentos de uso cotidiano y conservar en físico únicamente los obligatorios por ley.

- -

El **archivo electrónico** se ha consolidado como una herramienta clave en la gestión documental moderna, ya que permite optimizar procesos, reducir costes y garantizar un acceso más ágil y seguro a la información. Entre sus **principales beneficios** destacan los siguientes:

- ➲ **Ahorro de espacio.** No se necesita espacio físico como armarios, cajones, almacenes...
- ➲ **Acceso rápido.** Permite una búsqueda rápida por palabras clave, fechas o diferentes metadatos.
- ➲ **Colaboración.** Permite la posibilidad de que varios usuarios en lugares diferentes puedan acceder al mismo documento.
- ➲ **Seguridad.** Se registran y se conoce la trazabilidad de forma más rápida.
- ➲ **Ahorro de costes.** Menos papel, menos impresoras y menos mantenimientos.
- ➲ **Conservación.** La conservación es más duradera y se asegura una legibilidad en el futuro.
- ➲ **Sostenibilidad.** Reduce el consumo de papel y de recursos asociados, como tintas.

A pesar de sus múltiples beneficios, el **archivo electrónico** no está exento de limitaciones y riesgos, principalmente relacionados con la dependencia tecnológica, la seguridad informática y los costes iniciales de implantación. Entre los **inconvenientes** más destacados se encuentran los siguientes:

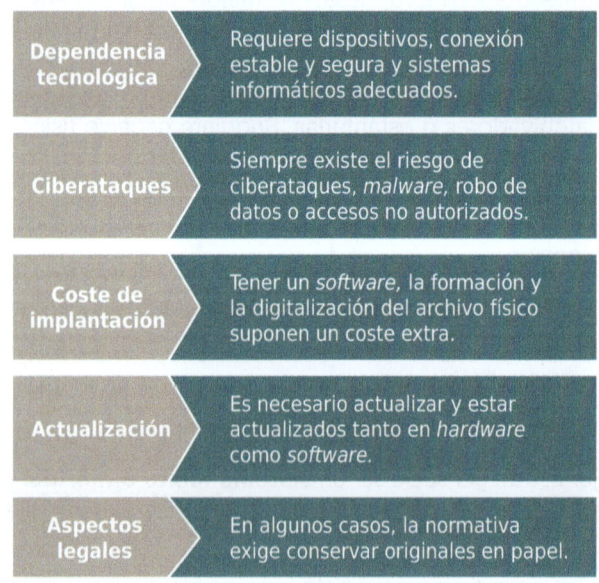

Dependencia tecnológica	Requiere dispositivos, conexión estable y segura y sistemas informáticos adecuados.
Ciberataques	Siempre existe el riesgo de ciberataques, *malware*, robo de datos o accesos no autorizados.
Coste de implantación	Tener un *software*, la formación y la digitalización del archivo físico suponen un coste extra.
Actualización	Es necesario actualizar y estar actualizados tanto en *hardware* como *software*.
Aspectos legales	En algunos casos, la normativa exige conservar originales en papel.

El **archivo físico,** aunque tradicional, continúa ofreciendo ciertas ventajas que lo hacen necesario en algunos contextos, especialmente en lo referente a la conservación de documentos originales con valor legal o probatorio. Entre sus **principales fortalezas** se encuentran las siguientes:

- ➲ **Simplicidad.** No requieren tecnología para su consulta o mantenimiento básico.
- ➲ **Legalidad inmediata.** Algunos documentos físicos, firmados a mano, tienen validez legal directa, sin ningún otro tipo de validación.
- ➲ **Utilidad.** Son más accesibles en lugares sin infraestructura tecnológica.

Sin embargo, el mantenimiento de un archivo en papel implica importantes desventajas en términos de espacio, eficiencia y conservación, lo que lo convierte en un modelo cada vez menos sostenible. Entre sus **principales inconvenientes** se pueden señalar los siguientes:

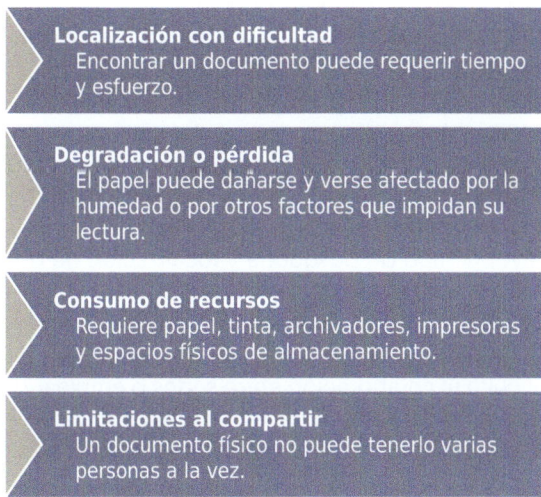

Localización con dificultad
Encontrar un documento puede requerir tiempo y esfuerzo.

Degradación o pérdida
El papel puede dañarse y verse afectado por la humedad o por otros factores que impidan su lectura.

Consumo de recursos
Requiere papel, tinta, archivadores, impresoras y espacios físicos de almacenamiento.

Limitaciones al compartir
Un documento físico no puede tenerlo varias personas a la vez.

NOTA

Mientras que los archivos físicos han sido el estándar durante siglos, el archivo electrónico ofrece una alternativa moderna alineada con las necesidades actuales de eficiencia, movilidad y sostenibilidad. Sin embargo, en muchas organizaciones ambos sistemas coexisten, especialmente en entornos donde se requiere conservar originales físicos o cumplir con normativas específicas.

En la gestión de un almacén, la documentación juega un papel clave para garantizar el control de entradas, salidas e inventarios. Esta puede organizarse en soporte físico o digital, cada uno con sus propias ventajas y limitaciones. Conocer estos aspectos es fundamental para decidir qué modelo aplicar o cómo combinar ambos en un sistema híbrido eficiente.

A continuación, puedes ver las ventajas e inconvenientes de los documentos físicos:

➲ **Ventajas:**

- Conservación de documentos originales con validez legal, como contratos firmados o albaranes en papel.
- No depende de conexión a internet ni de dispositivos electrónicos para su consulta.
- Puede ser comprendido y gestionado por cualquier empleado, incluso sin que este tenga conocimientos digitales.
- Transmite seguridad a ciertos clientes o auditores que valoran la documentación en soporte físico.

➲ **Inconvenientes:**

- Ocupación de espacio en oficinas o salas de archivo, que podría destinarse a funciones más productivas.
- Mayor tiempo de búsqueda y localización de documentos en comparación con sistemas digitales.
- Riesgo de pérdida, deterioro o duplicación por incendios, humedad o manipulación indebida.
- Dificulta la colaboración entre sedes o empleados, ya que los documentos solo pueden estar en un lugar físico a la vez.
- Un documento físico no puede tenerlo varias personas a la vez.

 **RECUERDA**

No se trata de eliminar completamente el archivo físico, sino de incorporar el archivo electrónico como la principal herramienta de gestión documental. La clave está en analizar las necesidades de la organización y adoptar un modelo que combine eficiencia, seguridad y cumplimiento legal.

Ahora puedes ver lo mismo sobre el digital:

⮩ **Ventajas:**

◊ Acceso inmediato a facturas, pedidos o albaranes desde cualquier dispositivo conectado.
◊ Integración con el SGA (sistema de gestión de almacén): los documentos electrónicos se vinculan a movimientos de *stock* en tiempo real.
◊ Ahorro de espacio y costes, al prescindir de estanterías, archivadores y papel.
◊ Seguridad y trazabilidad: control de accesos, historiales de modificaciones y copias de seguridad.
◊ Escalabilidad: permite crecer en volumen documental sin necesidad de ampliar instalaciones.

⮩ **Inconvenientes:**

◊ Dependencia tecnológica: sin conexión a internet, o ante un fallo de sistema, se dificulta el acceso a la información.
◊ Riesgos de ciberseguridad, como accesos no autorizados, *malware* o robos de datos.
◊ Costes iniciales de implantación en *software*, formación y digitalización del archivo físico previo.
◊ Posible resistencia del personal a adoptar nuevas herramientas si no se acompaña de una capacitación adecuada.

 **EJEMPLO**

Una empresa puede gestionar electrónicamente sus facturas y contratos para reducir papel, pero conservar copias físicas de documentos notariales o de propiedad por exigencia legal. Este enfoque híbrido permite aprovechar lo mejor de ambos modelos.

El paso al archivo digital implica no solo adoptar tecnología, sino también establecer hábitos y normas de uso que aseguren un sistema eficiente, seguro y sostenible. A continuación, se presentan buenas prácticas aplicables a toda la unidad vista, como guía a tener en cuenta en los procesos de digitalización:

⊃ **Organización y coherencia:**

- Definir una estructura clara de carpetas o categorías en el SGD.
- Usar nombres de archivo consistentes (p. ej. "2025_Factura_ClienteX. pdf").
- Evitar duplicados: guardar cada documento en un único lugar definido.
- Ejemplo en Transportes Martínez S. L.: los albaranes se nombran por fecha y número de pedido ("2025-03-15_Albaran_4789.pdf").

⊃ **Seguridad y protección:**

- Implementar contraseñas robustas y autenticación multifactor.
- Limitar accesos según roles de usuario.
- Revisar periódicamente permisos y registros de actividad.
- Ejemplo: solo el área contable puede acceder a nóminas, mientras que logística accede a albaranes.

⊃ **Copias de seguridad:**

- Aplicar la regla 3-2-1 (3 copias, 2 soportes distintos, 1 en ubicación externa).
- Verificar periódicamente que las copias se realizan correctamente.
- Guardar una copia cifrada en la nube y otra en un soporte físico externo.

⊃ **Digitalización:**

- Usar formatos estandarizados, como PDF/A, para la conservación a largo plazo.
- Aplicar OCR a documentos escaneados para hacerlos buscables.
- Comprobar legibilidad y metadatos tras cada proceso de digitalización.

⊃ **Cumplimiento legal:**

- Identificar documentos que deben conservarse en papel original (p ej. escrituras, contratos notariales, etc.).
- Cumplir con la legislación de protección de datos (RGPD).
- Establecer políticas de retención y eliminación documental.

➲ Cultura organizativa:

- ◊ Formar a los empleados en el uso del archivo digital.
- ◊ Fomentar la disciplina en nombrado, clasificación y seguridad.
- ◊ Actualizar periódicamente procedimientos y tecnologías.

APLICACIÓN PRÁCTICA

El almacenamiento en la nube es una de las soluciones más utilizadas actualmente por empresas y particulares. Entre sus características, destaca la posibilidad de acceder a la información de forma rápida y flexible, aunque también implica ciertos retos de seguridad y dependencia tecnológica.

¿Cuál es una ventaja clara del almacenamiento en la nube?

Solución

El almacenamiento en la nube se caracteriza por ofrecer acceso remoto a la información desde cualquier dispositivo con conexión a internet, lo que facilita el teletrabajo, la colaboración entre equipos y la gestión de datos en entornos distribuidos, como almacenes o empresas con varias sedes.

TAREA 8

Un compañero te pide tu contraseña para entrar en el sistema y consultar unos documentos de recursos humanos. También te pide que le envíes por correo electrónico el listado completo de salarios de la plantilla para "avanzar trabajo".

¿Qué errores implicaría compartir esa información?

¿Cómo deberías actuar correctamente para mantener la responsabilidad y la confidencialidad?

ACTIVIDAD COMPLEMENTARIA

3. Investiga en internet casos reales de empresas del sector logístico o de almacenaje que hayan implantado soluciones digitales en la gestión de sus documentos.

Puedes centrarte en aspectos como:

· Uso de nubes públicas, privadas o híbridas para almacenar documentación
· Ejemplos de digitalización masiva de archivos físicos (contratos, albaranes, facturas)
· Incorporación de copias de seguridad automáticas y protocolos de seguridad informática
· Beneficios obtenidos en términos de ahorro de espacio, rapidez de búsqueda y seguridad documental

---

7. Resumen

Entendemos el archivo electrónico como una herramienta fundamental en la gestión moderna de la información. Este tipo de archivo no solo permite almacenar documentos en formato digital, sino que asegura accesibilidad inmediata, seguridad, trazabilidad y conservación a largo plazo. Para organizar y controlar toda esta información, las empresas utilizan sistemas de gestión documental (SGD), que facilitan la clasificación, la búsqueda, la automatización de procesos y el cumplimiento normativo. La digitalización ocupa un papel clave, ya que convierte los documentos físicos en electrónicos mediante procesos estandarizados y herramientas como el OCR, que los hacen buscables y útiles en el tiempo.

El almacenamiento en la nube se presenta como un recurso estratégico que permite acceder a la información desde cualquier lugar y dispositivo, aunque exige medidas de seguridad informática, como contraseñas robustas, autenticación multifactor, cifrado y auditorías. Del mismo modo, las copias de seguridad resultan imprescindibles para garantizar la disponibilidad de los datos, siguiendo modelos como la regla 3-2-1.

Si bien el archivo electrónico aporta grandes ventajas en rapidez, ahorro de espacio, sostenibilidad y eficiencia, también tiene inconvenientes, como la dependencia tecnológica, los riesgos de ciberseguridad o el coste inicial de implantación. Por su parte, el archivo físico conserva aún cierta utilidad en lo legal y en la simplicidad de uso, aunque su mantenimiento resulta costoso y poco eficiente. En la práctica, lo más recomendable es optar por un modelo híbrido que combine lo mejor de ambos sistemas.

En definitiva, el registro digital de documentos constituye una pieza clave para las empresas actuales, que buscan optimizar recursos, garantizar la seguridad y adaptarse a un entorno cada vez más digitalizado.

Ejercicios de autoevaluación
Unidad de aprendizaje 3

1. El archivo electrónico se caracteriza principalmente por:

    a. Ocupar más espacio físico que el archivo tradicional.
    b. Permitir acceso inmediato a la información.
    c. No requerir medidas de seguridad.
    d. Eliminar siempre la necesidad de documentos en papel.

2. Un sistema de gestión documental (SGD) sirve para:

    a. Clasificar, almacenar y controlar documentos digitales.
    b. Sustituir exclusivamente a los sistemas de impresión.
    c. Guardar documentos únicamente en papel.
    d. Destruir documentos antiguos.

3. El estándar más recomendado para la conservación a largo plazo de documentos digitalizados es:

    a. PDF
    b. JPG
    c. DOCX
    d. GIF

4. El proceso de OCR en la digitalización permite:

    a. Reducir el tamaño del archivo.
    b. Convertir imágenes en texto editable y buscable.
    c. Guardar documentos automáticamente en la nube.
    d. Evitar la necesidad de copias de seguridad.

5. Una de las principales ventajas del almacenamiento en la nube es que:

    a. Permite acceder a los documentos desde cualquier lugar.
    b. No requiere contraseñas para acceder.
    c. Garantiza seguridad sin necesidad de *backups.*
    d. No depende de internet.

6. La regla 3-2-1 en copias de seguridad significa:

    a. Tener 3 copias en el mismo disco duro.
    b. Conservar 3 copias en 2 soportes distintos y 1 en una ubicación externa.
    c. Guardar 2 copias en la nube y 1 en papel.
    d. Compartir 3 copias con diferentes usuarios.

7. Entre los inconvenientes del archivo electrónico se encuentra:

    a. La dependencia tecnológica
    b. El exceso de consumo de papel
    c. El tiempo que requiere para localizar un documento
    d. La imposibilidad de compartir información

8. Una ventaja del archivo físico frente al digital es:

    a. Que ocupa menos espacio en las oficinas.
    b. Que ofrece validez legal inmediata en muchos documentos originales.
    c. Que permite búsquedas más rápidas que un SGD.
    d. Que no se deteriora con el tiempo.

9. La seguridad informática en archivos digitales implica medidas como:

    a. Eliminar todas las contraseñas para agilizar el acceso.
    b. Usar cifrado, contraseñas robustas y autenticación multifactor.
    c. Guardar documentos únicamente en ordenadores locales.
    d. Compartir contraseñas para ahorrar tiempo.

10. La mejor estrategia en la gestión documental de muchas empresas es:

    a. Apostar únicamente por el archivo físico.
    b. Usar siempre la nube pública, sin otras medidas.
    c. Combinar archivo físico y digital en un sistema híbrido.
    d. Evitar copias de seguridad para reducir costes.

La impresora. Funcionamiento y tipos

Contenido

Objetivos

Los objetivos específicos de esta Unidad de Aprendizaje son:

→ Comprobar el estado de los consumibles de una impresora (tóner, cartucho, *ribbon* o rollo de etiquetas), registrando la revisión y realizando su sustitución si es necesario.

→ Seleccionar las opciones de impresión más adecuadas (formato, orientación, calidad y tipo de papel o etiqueta) en función del documento o tarea a realizar.

1. Introducción

En el entorno logístico actual —donde la velocidad, la precisión y la trazabilidad son esenciales para el éxito de cualquier operación— las impresoras se han convertido en una herramienta clave dentro del almacén. Desde la etiquetación de productos y estanterías, hasta la impresión de albaranes, códigos de barras y listas de preparación, estos dispositivos permiten transformar la información digital en documentos físicos indispensables para el control de mercancías. Su uso adecuado asegura una gestión más eficiente, organizada y segura en cada etapa del flujo logístico.

El operario de almacén no solo debe saber cómo utilizar una impresora, sino también entender los diferentes tipos de impresión, los consumibles que utiliza, los procedimientos de mantenimiento y las normas de seguridad que se deben aplicar. Por ejemplo, seleccionar el tipo de impresora incorrecto puede dar lugar a etiquetas que se deterioran en condiciones de frío, o a códigos de barras ilegibles que detienen procesos automatizados. Por tanto, la formación en el uso correcto de estos equipos es fundamental para garantizar la calidad y la continuidad del servicio.

Además, el uso de impresoras en el almacén tiene un impacto económico y medioambiental que no debe subestimarse. La elección de formatos adecuados, la reducción del desperdicio de papel y tinta, así como la correcta gestión de residuos (como cartuchos o papel usado) forman parte de un compromiso creciente con la sostenibilidad y la eficiencia de recursos. Conocer las normativas medioambientales aplicables y adoptar prácticas de impresión responsables es parte del rol profesional de cualquier trabajador del sector logístico.

La presencia de impresoras en el almacén no solo cumple una función técnica, sino que también representa un eslabón fundamental en la cadena de valor de la logística moderna. Su correcta utilización permite agilizar procesos, minimizar errores y asegurar la trazabilidad de cada unidad de producto desde su entrada hasta su salida. Al integrar estos equipos dentro de procedimientos normalizados de trabajo y políticas sostenibles, se favorece un entorno más eficiente, seguro y respetuoso con el medioambiente. Esta visión integral del uso de impresoras refuerza la profesionalización del sector y eleva los estándares de calidad en las operaciones auxiliares de almacenaje.

Para comprender mejor la importancia de elegir correctamente el tipo de impresora y su configuración en las tareas diarias del almacén, sigamos con el caso de Javier. A través de su situación, veremos cómo las decisiones que se tomen pueden influir directamente en la eficiencia del trabajo y en la calidad de los resultados.

2. Tipos de impresión: *offset,* digital, láser, inyección, 3D

 **HILO CONDUCTOR**

Javier empieza el turno en la nave de distribución. El equipo de *picking* avisa: faltan etiquetas para las ubicaciones nuevas. En su mesa hay dos impresoras: una láser (para A4) y una térmica (para etiquetas). Como necesita carteles rápidos de estantería y un lote pequeño de avisos de seguridad a color, lanza un PDF a la impresora láser: texto nítido, velocidad alta, coste por página bajo.

Las impresoras se clasifican según la tecnología que utilizan para plasmar texto o imágenes en distintos soportes.

DEFINICIÓN

Impresora térmica
Imprime aplicando calor sobre el soporte. Se usa mucho en almacenes para etiquetas y códigos de barras porque es rápida, fiable y no necesita tinta (según el tipo).

A continuación, se presentan los principales tipos de impresión utilizados tanto en el ámbito profesional como en el logístico:

- **Offset.** La impresión *offset* es un proceso tradicional muy utilizado en grandes tiradas de documentos, catálogos o embalajes. Sus características son:

  - Utiliza planchas metálicas que transfieren la tinta a un rodillo de caucho, y de ahí al papel.

◑ Ofrece una alta calidad de impresión y una gran velocidad de producción.
◑ Es económica en grandes volúmenes, pero no es rentable para pequeñas cantidades.

En el entorno del almacén, suele emplearse para imprimir embalajes o manuales antes de su llegada a las instalaciones.

➲ **Digital.** La impresión digital se basa en archivos electrónicos que se envían directamente a la impresora, sin necesidad de planchas físicas. Sus características son las siguientes:

◑ Es ideal para tiradas cortas y documentos personalizados.
◑ Permite imprimir de forma inmediata, sin preparación previa.
◑ Ofrece una calidad media-alta y tiempos de producción muy rápidos.

Su uso en almacén consiste en:

◑ Impresión de albaranes, listas de *picking,* informes de *stock,* etc.
◑ Es muy común en oficinas administrativas del almacén.

➲ **Láser.** La impresión láser utiliza un rayo láser para dibujar la imagen sobre un tambor fotoconductor, que luego transfiere tóner al papel. Sus características son las siguientes:

◑ Es rápida, silenciosa y de bajo coste por página.
◑ Ofrece alta precisión en textos y gráficos.
◑ Es ideal para documentos de uso interno.

Su uso en almacén consiste en:

◑ Impresión de documentación administrativa, etiquetas temporales, hojas de ruta, etc.
◑ Se usa por su rapidez y su bajo mantenimiento.

➲ *Inkjet.* La impresora de inyección de tinta *(inkjet)* expulsa pequeñas gotas de tinta líquida directamente sobre el papel. Sus características son las siguientes:

◑ Utiliza un cabezal que se mueve de manera rápida para depositar la tinta con la mayor precisión.
◑ Es muy común para impresiones detalladas a color como fotografías, documentos gráficos.

Su uso en almacén consiste en imprimir embalajes o manuales antes de su llegada al almacén.

⊃ **3D.** La impresión 3D crea objetos tridimensionales capa por capa a partir de un diseño digital. Sus características son las siguientes:

◊ Utiliza materiales como plástico, resina, metal o *composites*.
◊ Es muy útil para prototipado rápido o fabricación de piezas personalizadas.
◊ Requiere formación específica y *software* de modelado.

Su uso en almacén conlleva:

◊ En almacenes técnicos o industriales puede usarse para fabricar piezas de repuesto, herramientas específicas o soportes personalizados.
◊ Su uso está creciendo en operaciones de mantenimiento y logística avanzada.

 EJEMPLO

En un almacén de distribución de repuestos, se utilizan **impresoras láser** para generar etiquetas con códigos de barras para cada caja enviada. Estas etiquetas incluyen el número de lote, la fecha de envío y el destino. Como se imprimen en grandes cantidades y deben ser legibles para los escáneres, se opta por impresoras láser por su rapidez y su nitidez.

 CONSEJO

Siempre verifica el tipo de papel y tinta/tóner compatible con la impresora que estás utilizando. Usar consumibles no recomendados puede generar atascos, manchas o incluso dañar el equipo.

Cada tecnología de impresión ofrece características particulares que la hacen más adecuada para ciertos usos, volúmenes o acabados. Conocer sus ventajas e inconvenientes permite elegir el método más eficiente según las necesidades del proyecto. A continuación, se presentan los puntos fuertes y las limitaciones de cada tipo de impresión, para ayudarte a tomar decisiones informadas en función del coste, la calidad, la velocidad y la personalización deseada:

- *Offset:*
  - **Ventajas:**
    - Tiene una excelente calidad de impresión.
    - Ofrece gran variedad de papeles y acabados.
    - Es muy precisa en colores corporativos (Pantone).
  - **Inconvenientes:**
    - No es rentable para pequeñas cantidades.
    - El tiempo de preparación es más largo.
    - No permite personalización por unidad.
- **Digital:**
  - **Ventajas:**
    - Es rápida y flexible.
    - No implica costes de preparación.
    - Ofrece buena calidad para tirajes cortos (folletos, tarjetas, etiquetas).
  - **Inconvenientes:**
    - El coste por unidad es más alto en grandes volúmenes.
    - Tiene limitaciones en variedad de papeles y tintas especiales.
- **Láser:**
  - **Ventajas:**
    - Tiene un bajo coste por página en documentos.
    - Ofrece una alta velocidad de impresión.
    - Requiere poco mantenimiento.
  - **Inconvenientes:**
    - No es adecuada para trabajos de calidad fotográfica.
    - El coste de cartuchos de tóner es elevado.
    - Ofrece menor fidelidad de color, comparada con otros métodos.

● *Inkjet:*

◑ **Ventajas:**

⇕ Es excelente para imprimir fotos.
⇕ Tiene un bajo coste de entrada.
⇕ Es versátil en tamaños y formatos.

◑ **Inconvenientes:**

⇕ Los cartuchos se agotan rápidamente.
⇕ No es recomendable para altos volúmenes.
⇕ Se corre riesgo de obstrucción de inyectores si no se usa frecuentemente.

● **3D:**

◑ **Ventajas:**

⇕ Las piezas se fabrican de forma personalizada.
⇕ El coste de prototipos es bajo.
⇕ Reduce el desperdicio de material.

◑ **Inconvenientes:**

⇕ El tiempo de impresión de piezas complejas es largo.
⇕ Requiere un posprocesado (lijado, curado, etc.).
⇕ Tiene limitaciones en el tipo de materiales según la tecnología.

 SABÍAS QUE...

Las impresoras 3D están empezando a usarse en almacenes avanzados para fabricar, en el mismo lugar, herramientas, embalajes personalizados o piezas que faltan en el inventario, reduciendo así tiempos de espera y costes logísticos.

3. Equipos de impresión: configuración, mantenimiento y seguridad

☞ HILO CONDUCTOR

En la nave de distribución donde trabaja Javier, antes de comenzar el turno, el encargado le pide revisar la impresora térmica que se usa para las etiquetas de expedición. Si no estuviera bien configurada o presentara algún fallo de mantenimiento, las etiquetas podrían salir ilegibles y los palés quedarían bloqueados en el muelle. Además, como varios compañeros la utilizan, es importante seguir unas normas de seguridad para que los documentos no se mezclen ni se pierdan. Esta situación muestra la importancia de configurar, mantener y usar con seguridad los equipos de impresión en el almacén.

En un almacén, las impresoras son herramientas de trabajo esenciales. Un mal funcionamiento puede provocar errores en el etiquetado, retrasos en la expedición o problemas con la trazabilidad de productos.

Por eso, es importante no solo saber usarlas, sino también realizar una **configuración correcta,** aplicar un **mantenimiento básico periódico** y seguir normas de **seguridad** para evitar daños personales y proteger los equipos.

3.1. Configuración de impresoras en el entorno del almacén

Antes de usar una impresora, es necesario configurarla correctamente, tanto a nivel físico como a nivel de *software.* A continuación, se muestran los pasos para su configuración:

- ➲ **Ubicación.** La ubicación debe ser la adecuada:

    - ◑ Lejos de fuentes de calor o humedad
    - ◑ Superficie firme y nivelada
    - ◑ Accesible para el operador

- ➲ **Conexiones:**

    - ◑ Conectar a la red eléctrica y, si es necesario, a la red de datos (wifi o Ethernet).

☞ Instalar los *drivers* o controladores en el ordenador o terminal conectado.

➥ **Ajustes:**

☞ Seleccionar idioma, formato de página, tipo de papel o etiquetas.
☞ Configurar la resolución de impresión según el uso: más alta para etiquetas con código de barras, más baja para documentos internos.

➥ **Prueba:**

☞ Realizar una impresión de prueba para verificar alineación, calidad y conectividad.

3.2. Mantenimiento básico de impresoras

El mantenimiento periódico evita averías, alarga la vida útil del equipo y mejora la calidad de impresión. En la siguiente tabla se muestra un ejemplo de cómo podría realizarse.

Tarea	Frecuencia recomendada	Quién debe realizarla
Limpieza externa	Semanal	Personal del almacén
Revisión de atascos	Según el uso	Operador
Situación tóner/tinta	Según necesidad	Operador autorizado
Limpieza de cabezales	Mensual o automática	Sistema o técnico
Actualización de *software*	Trimestral	Personal informático o técnico

3.3. Seguridad en el uso de impresoras

Aunque parecen inofensivas, las impresoras presentan riesgos si no se usan adecuadamente:

➥ No introducir objetos ni manos en el interior mientras está encendida.
➥ Desconectar el equipo antes de abrirlo para mantenimiento o cambio de consumibles.
➥ Evitar cables sueltos que puedan provocar tropiezos.

⊃ No colocar líquidos cerca de la impresora.
⊃ Usar guantes si se manipulan tóneres o productos químicos.

Tenemos que prestar atención a posibles señales que nos indiquen que puede existir alguna anomalía, como, por ejemplo:

⊃ Olores fuertes o humo: debemos apagarla inmediatamente.
⊃ Ruidos anormales: debemos detener la operación y revisar.
⊃ Manchas constantes o papel atascado: esto nos puede indicar un mal estado interno.

 **EJEMPLO**

En un almacén logístico, un operario detectó manchas negras en las etiquetas. Al revisar la impresora láser, descubrió que el cartucho de tóner estaba dañado y perdía polvo. Gracias a su formación en mantenimiento básico, pudo retirarlo con guantes, limpiar el área y reemplazarlo sin interrumpir el trabajo del equipo.

Siempre que termines de usar una impresora en una zona compartida, hay que dejar un aviso visible si el equipo presenta algún problema. Esto evita que otros compañeros lo usen y agraven la falla.

 **NOTA**

Los manuales del fabricante contienen instrucciones específicas para cada modelo de impresora. Tener una copia impresa o digital accesible facilita la resolución rápida de problemas comunes.

3.4. Resolución de incidencias comunes

En el trabajo diario del almacén, las impresoras (tanto láser como térmicas) están en uso constante para generar etiquetas, albaranes y documentos de control. Por ello, es habitual que surjan pequeñas incidencias que, si se conocen y se actúan correctamente, pueden resolverse de manera rápida sin necesidad de recurrir al servicio técnico. Las incidencias más comunes son:

➲ **Atasco de papel:**

◑ **Causa más común:** exceso de polvo, papel húmedo, guías mal ajustadas o etiquetas mal alineadas.

◑ **Cómo actuar:**

⇕ Detener la impresión desde el panel o el ordenador.
⇕ Abrir las tapas siguiendo la ruta indicada por el fabricante.
⇕ Retirar el papel o las etiquetas suavemente, sin forzar.
⇕ Revisar sensores, guías y rodillos antes de reiniciar.
⇕ Reanudar la impresión comprobando que no quede trabajo bloqueado en la cola.

◑ **Prevención:** mantener el equipo limpio, usar papel o etiquetas del tamaño adecuado y almacenar los consumibles en un lugar seco. En la pantalla de la impresora suele indicar dónde está el atasco para que se localice el papel.

➲ **Impresión con manchas:**

◑ **Causa más común:** cabezal sucio, tóner defectuoso, rodillo desgastado o *ribbon* mal colocado.

◑ **Cómo actuar:**

⇕ Realizar una limpieza del cabezal con alcohol isopropílico (en frío y con paño sin pelusa).
⇕ Comprobar si el *ribbon* presenta arrugas o restos de tinta y sustituirlo si es necesario.
⇕ En impresoras láser, revisar el tambor y sustituir el cartucho si el defecto se repite.
⇕ Ejecutar una impresión de prueba para comprobar si se ha resuelto.

◑ **Prevención:** realizar una limpieza periódica y usar los consumibles recomendados por el fabricante.

➲ **Impresión desalineada:**

◑ **Causa más común:** cambio de tamaño de etiqueta sin calibrar o guías mal ajustadas.

◖ **Cómo actuar:**

- ⇅ Ejecutar el proceso de calibración automática.
- ⇅ Comprobar el tamaño configurado en el *driver* o *software*.
- ⇅ Ajustar manualmente las guías laterales del rollo o bandeja.

◖ **Prevención:** recalibrar cada vez que se cambie el tipo de etiqueta o papel.

➲ **Código de barras ilegibles:**

◖ **Causa más común:** exceso o falta de temperatura en térmicas, baja resolución o mala alineación.

◖ **Cómo actuar:**

- ⇅ Ajustar los parámetros de velocidad y temperatura *(darkness)*.
- ⇅ Asegurarse de que el código tenga suficiente zona en blanco *(quiet zone)*.
- ⇅ Verificar la orientación del código respecto al sentido de impresión.
- ⇅ Probar la lectura con un escáner y, si no es válida, reimprimir tras el ajuste.

◖ **Prevención:** usar materiales adecuados y realizar pruebas de lectura periódicas.

➲ **Mensajes de error:**

◖ **Causa más común:** trabajos en cola corruptos, *firmware* desactualizado o red inestable.

◖ **Cómo actuar:**

- ⇅ Cancelar la cola de impresión desde el ordenador o el panel.
- ⇅ Reiniciar el equipo y el *router* si es necesario.
- ⇅ Revisar el mensaje o el código de error y consultar la **tabla del manual** o el **PNT** correspondiente.
- ⇅ Registrar la incidencia si requiere intervención técnica.

◖ **Prevención:** mantener actualizado el *firmware* y reiniciar el equipo periódicamente.

3.5. Aplicaciones de las impresoras en el almacén (etiquetado, albaranes, códigos de barras)

Las impresoras son una herramienta esencial en el día a día de un almacén. Su correcto uso facilita el control de inventario, el seguimiento de mercancías y la documentación de procesos. Lejos de ser un simple recurso administrativo, su papel es clave para garantizar la trazabilidad, la organización y el cumplimiento normativo.

Ejemplo de uso de equipos multifunción en los procesos de gestión documental e impresión

A continuación, se describen las principales aplicaciones de las impresoras en el entorno logístico y de almacenaje:

- **Impresión de etiquetas.** La etiqueta es el documento físico más utilizado en el almacén. Permite identificar de forma rápida y clara el contenido de una unidad de carga o un producto individual. Hay varios tipos:

    - De producto (nombre, referencia, cantidad)
    - De ubicación (estanterías, zonas de trabajo)
    - De palés (agrupación de mercancía)
    - De envío (información del cliente y transportista)
    - De advertencia (frágil, inflamable, etc.)

    Son importantes porque:

    - Aceleran el *picking* y el control de *stock.*
    - Facilitan la lectura automática con escáneres.
    - Reducen errores humanos.

⊃ **Generación de albaranes.** El albarán de entrega es un documento obligatorio que acredita que la mercancía ha sido entregada correctamente. Contiene los siguientes elementos:

◊ Datos del cliente
◊ Productos enviados
◊ Cantidades y fechas
◊ Firma de recepción

Su función es:

◊ Se imprime justo antes del envío.
◊ Se adjunta a la mercancía o se entrega al transportista.
◊ Sirve como respaldo administrativo y legal.

⊃ **Impresión de códigos de barras.** Los códigos de barras se utilizan para automatizar la identificación de productos, cajas y ubicaciones. Entre sus ventajas se encuentran:

◊ Lectura rápida con escáner
◊ Menor margen de error
◊ Agilidad en las entradas, salidas y recuentos

Generan los siguientes formatos:

◊ EAN-13 (productos comerciales)
◊ CODE 128 (logística interna)
◊ QR (datos adicionales o trazabilidad)

Además de etiquetas y albaranes, las impresoras se utilizan para generar documentos necesarios en la operativa diaria:

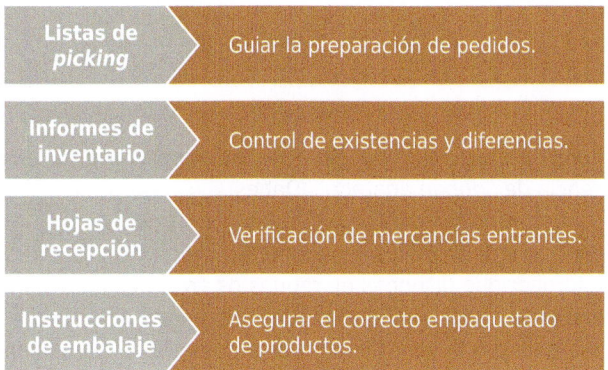

Listas de picking	Guiar la preparación de pedidos.
Informes de inventario	Control de existencias y diferencias.
Hojas de recepción	Verificación de mercancías entrantes.
Instrucciones de embalaje	Asegurar el correcto empaquetado de productos.

En muchos almacenes, se imprimen elementos visuales para mejorar la seguridad y la eficiencia del espacio de trabajo:

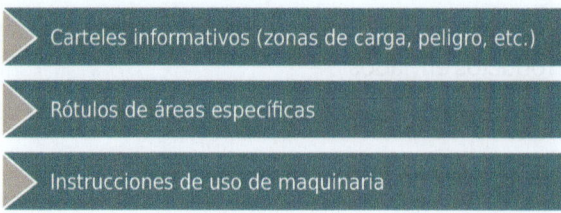

Carteles informativos (zonas de carga, peligro, etc.)

Rótulos de áreas específicas

Instrucciones de uso de maquinaria

 **EJEMPLO**

En un almacén de distribución de repuestos, cada estantería está numerada y señalizada con etiquetas impresas mediante **impresora térmica.** Esto permite que los operarios localicen fácilmente la ubicación de los artículos durante el *picking*, reduciendo el tiempo de preparación de pedidos.

 RECUERDA

La impresora es una **herramienta estratégica** en el almacén. Si no funciona correctamente o si se usa sin control, puede afectar directamente al servicio al cliente y a la eficiencia del almacén.

 TAREA 9

En la zona de expedición del almacén, la impresora térmica ha mostrado una advertencia de *"ribbon* agotado". Debes:

- Revisar el estado de los consumibles *(ribbon* y rollo de etiquetas).
- Comprobar que dispones de repuestos en el almacén de material.
- Sustituir el *ribbon* siguiendo el procedimiento adecuado y realizar una impresión de prueba para confirmar el correcto funcionamiento.

Continúa en página siguiente >>

<< Viene de página anterior

- Anotar en la hoja de control de mantenimiento la fecha, el contador de impresión y el número de lote del nuevo consumible.

Describe qué pasos seguirías.

----

4. Optimización de procesos y reducción de costes en impresión

☞ HILO CONDUCTOR

En la nave de distribución donde trabaja Javier, a media mañana detectan que se están gastando demasiados rollos de etiquetas y que algunos documentos se reimprimen varias veces por pequeños errores de formato. El responsable le recuerda que cada consumible tiene un coste y que las incidencias ralentizan la preparación de pedidos. Para evitar estos problemas, es necesario aplicar medidas que permitan optimizar los procesos de impresión y reducir costes, asegurando al mismo tiempo la calidad y la rapidez en el trabajo diario.

En el almacén, imprimir es una tarea cotidiana: etiquetas, albaranes, listados de *picking* o informes de control. Sin embargo, cada impresión supone un **coste en papel, tinta, energía y tiempo.** Una buena gestión del proceso permite reducir gastos, evitar desperdicios y mejorar la eficiencia sin perder calidad. En este apartado aprenderás cómo **optimizar la impresión,** aplicar políticas de uso responsable y aprovechar los recursos al máximo para lograr un trabajo más ágil, económico y sostenible.

Una gestión adecuada de los equipos, consumibles y rutinas de impresión permite evitar desperdicios, prevenir interrupciones y contribuir a una logística más sostenible.

Además de aplicar buenas prácticas y políticas de impresión eficiente, es fundamental medir los resultados para comprobar si realmente se están reduciendo los costes y mejorando los procesos. Para ello, se utilizan los indicadores clave de rendimiento (KPI), que permiten evaluar el funcionamiento de los equipos y el uso que se hace de ellos.

Algunos de los KPI más habituales en la gestión de impresión son:

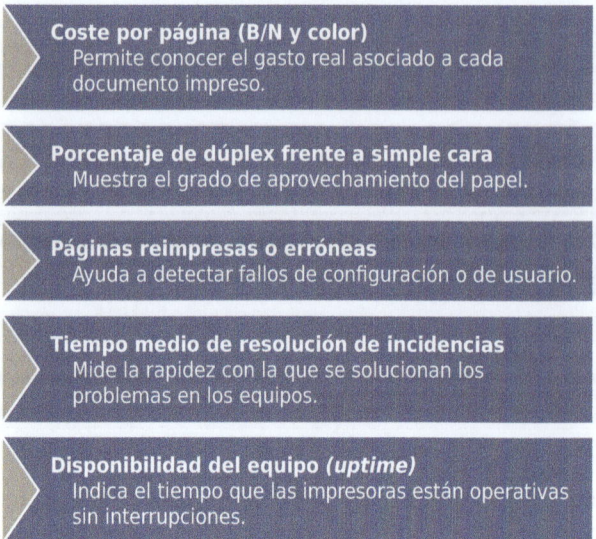

Coste por página (B/N y color)
Permite conocer el gasto real asociado a cada documento impreso.

Porcentaje de dúplex frente a simple cara
Muestra el grado de aprovechamiento del papel.

Páginas reimpresas o erróneas
Ayuda a detectar fallos de configuración o de usuario.

Tiempo medio de resolución de incidencias
Mide la rapidez con la que se solucionan los problemas en los equipos.

Disponibilidad del equipo *(uptime)*
Indica el tiempo que las impresoras están operativas sin interrupciones.

NOTA

Estos indicadores sirven para **tomar decisiones basadas en datos,** identificar áreas de mejora y fomentar un uso más eficiente, económico y sostenible de los recursos de impresión en el almacén.

4.1. Optimización de procesos de impresión

Optimizar el uso de las impresoras significa aprovechar al máximo su capacidad, reducir tiempos de espera y evitar errores o repeticiones innecesarias. Para poder optimizar los procesos podemos realizar las siguientes acciones clave:

⮞ **Uso compartido de equipos:**

　◐ Instalar una sola impresora eficiente en un punto estratégico del almacén, accesible a varios operarios.
　◐ Evitar equipos duplicados innecesarios.

⊃ Automatización de tareas:

○ Integrar impresoras con el sistema de gestión de almacén (SGA).
○ Programar la impresión automática de etiquetas o albaranes al finalizar un pedido.

⊃ Diseño eficiente de documentos:

○ Optimizar el formato de impresión para usar menos papel y tinta.
○ Evitar imágenes innecesarias o fuentes muy grandes.

⊃ Control de usuarios:

○ Crear perfiles de usuario con permisos específicos.
○ Registrar quién imprime qué y cuánto, para fomentar el uso responsable.

⊃ Digitalización de procesos:

○ Reducir la impresión innecesaria utilizando documentos digitales siempre que sea posible (por ejemplo, listas de *picking* en *tablets*).

4.2. Estrategias para la reducción de costes

Los costes de impresión en un almacén no solo incluyen tinta o papel, sino también mantenimiento, electricidad y tiempo de trabajo. A continuación, se muestran una serie de consejos para ahorrar:

Estrategia	Beneficio principal
Utilizar modo Borrador.	Ahorra tinta en impresiones internas no esenciales.
Imprimir en blanco y negro.	Reduce el uso de tinta de color.
Reutilizar papel (impresión por reverso).	Disminuye el consumo de hojas.
Comprar consumibles genéricos.	Reduce el gasto sin perder calidad.
Mantenimiento preventivo regular.	Evita reparaciones costosas.
Apagar impresoras fuera de uso.	Ahorro energético y prolongación de vida útil.

💬 **CONSEJO**

Revisa periódicamente los informes de impresión del sistema. Identificar patrones de gasto y volumen te permite detectar posibles excesos o puntos de mejora.

Utilizar el formato de impresión adecuado es muy importante cuando hablamos de eficiencia.

4.3. Sostenibilidad y compromiso ambiental

Reducir el impacto ambiental también es una parte importante de la optimización de impresión:

- Reciclar papel y cartuchos vacíos.
- Utilizar papel reciclado para documentación interna.
- Aplicar políticas de "oficina sin papel" cuando sea viable.

Adoptar estas prácticas no solo genera ahorro económico, sino que también mejora la imagen corporativa de la empresa al mostrar su compromiso con la sostenibilidad.

EJEMPLO

En un centro logístico mediano, se instaló una única impresora multifunción central conectada al sistema de gestión. Se programó para imprimir automáticamente etiquetas y albaranes al cerrar un pedido. Se redujo el consumo de papel en un 30 % y el gasto en tinta en un 40 % en solo tres meses.

SABÍAS QUE...

Cambiar la fuente de los documentos a una más eficiente, como **Ecofont o Garamond,** puede reducir el uso de tinta hasta en un 25 %, sin perder legibilidad.

 TAREA 10

Recibes tres documentos para imprimir en el almacén:

a. Un albarán de entrega en formato A4
b. Un cartel de aviso de seguridad en color
c. Un lote de etiquetas de ubicación de estanterías

Debes configurar las impresoras según cada caso, indicando los ajustes más adecuados (tipo de papel, color o blanco y negro, calidad de impresión, orientación y formato). ¿Cómo lo harías? Describe qué configuraciones elegirías.

---

5. Impresión de documentos

HILO CONDUCTOR

En la nave de distribución donde trabaja Javier, el encargado necesita imprimir varios albaranes de salida para acompañar los pedidos del día. Si los documentos

Continúa en página siguiente >>

<< Viene de página anterior

no se imprimen correctamente, los transportistas no podrán comprobar la mercancía ni firmar la entrega, lo que ocasionaría retrasos y posibles reclamaciones. Esta situación evidencia lo esencial que resulta la impresión de documentos en el almacén para garantizar la trazabilidad y la correcta gestión de las operaciones.

- -

En las operaciones diarias de un almacén, la impresión de documentos es una actividad constante y esencial. Permite asegurar la trazabilidad, facilitar el control de mercancías y cumplir con los requisitos administrativos y legales.

Conocer qué tipos de documentos se imprimen, cómo deben generarse y qué equipos son los más adecuados para cada caso ayuda a evitar errores, mejorar la organización y aumentar la eficiencia operativa.

5.1. Documentos más comunes en el almacén

Los siguientes son los principales documentos que se imprimen habitualmente en el entorno logístico:

⊃ Albaranes de entrega:

- ◊ Documento que acredita la entrega de mercancía a un cliente.
- ◊ Incluye: nombre del cliente, fecha, productos entregados, cantidades y firma.
- ◊ Generalmente se imprimen en impresoras láser o digitales.

⊃ Etiquetas de producto:

- ◊ Se utilizan para identificar cajas, palés o unidades sueltas.
- ◊ Pueden incluir: nombre del producto, referencia, lote, fecha de caducidad, peso, etc.
- ◊ Suele usarse impresión térmica o láser, especialmente si contienen códigos de barras.

⊃ Códigos de barras:

- ◊ Herramienta fundamental para la trazabilidad y el control automático.
- ◊ Se imprimen en etiquetas autoadhesivas o directamente en documentos.

- ◑ Requieren alta precisión para garantizar la legibilidad por los escáneres.

⮥ **Listas de *picking:***

- ◑ Documento que guía al operario en la recogida de productos para preparar pedidos.
- ◑ Se imprimen al iniciar cada proceso de preparación.
- ◑ Se recomienda usar impresión rápida y en formatos legibles, con letras grandes.

⮥ **Informes de inventario:**

- ◑ Resumen las existencias actuales.
- ◑ Se imprimen para auditorías, cierres de mes o control manual del *stock*.
- ◑ A menudo se generan en formato PDF o *Excel* y se imprimen en tamaño A4.

 SABÍAS QUE...

Existen impresoras térmicas capaces de imprimir más de 10.000 etiquetas por día sin necesidad de tinta, solo con papel térmico especial. Por eso son muy usadas en logística de alto volumen.

5.2. Buenas prácticas en la impresión de documentos logísticos

Adoptar prácticas eficientes mejora la calidad de la información y evita problemas en el manejo de mercancías. Si seguimos las siguientes recomendaciones clave a la hora de imprimir, obtendremos una mejora en todo el proceso:

- ⮥ **Verifica la configuración del documento** antes de imprimir: márgenes, tamaño de papel y orientación.
- ⮥ **Utiliza plantillas predefinidas** para albaranes y etiquetas, evitando errores de formato.
- ⮥ **Imprime solo lo necesario:** digitaliza informes internos y comparte por red o correo.
- ⮥ **Revisa que la impresora tenga papel y tinta** suficientes antes de iniciar un lote grande.

5.3. Equipos recomendados para cada tipo de documento

A continuación, se muestra una tabla con los diferentes tipos de documentos que nos podemos encontrar, así como con el tipo de impresión recomendado para cada uno y su principal motivo de elección:

Documento	Tipo de impresión recomendado	Motivo principal
Albaranes	Láser o digital	Claridad, rapidez, buena presentación
Etiquetas	Térmica directa o transferencia térmica	Durabilidad, precisión
Códigos de barras	Láser o térmica	Alta definición para lectura óptica
Picking	Láser	Rapidez y buena legibilidad
Informes de inventario	Láser o digital	Calidad y formato administrativo estándar

 **EJEMPLO**

En un almacén de productos congelados, las etiquetas deben resistir temperaturas extremas. Se utilizan **impresoras de transferencia térmica** con etiquetas adhesivas resistentes al frío. Esto garantiza que la información del producto siga siendo legible durante el transporte y el almacenamiento.

 **NOTA**

Los documentos impresos forman parte del **sistema de trazabilidad** del almacén. Cualquier error en ellos puede afectar a entregas, inventarios o relaciones con clientes.

6. Impresión de etiquetas y códigos de barras

☞ HILO CONDUCTOR

En la nave de distribución donde trabaja Javier, acaba de llegar un pedido urgente con productos que deben salir el mismo día. Para poder ubicarlos y preparar la expedición, es necesario imprimir las etiquetas con los códigos de barras que identifican cada palé y cada caja. Si las etiquetas no se imprimen correctamente, el lector no podrá reconocer el código y el sistema no registrará la mercancía, lo cual provocará errores en el inventario y retrasos en la entrega. Por eso, antes de comenzar, Javier revisa la configuración de la impresora térmica, comprueba el tipo de etiqueta y realiza una prueba de impresión. Solo cuando confirma que los códigos son legibles y duraderos, autoriza el etiquetado de toda la partida. Esta situación muestra la importancia de realizar una impresión de etiquetas y códigos de barras precisa y de calidad para garantizar la trazabilidad dentro del almacén.

En el almacén, la impresión de **etiquetas y códigos de barras** es una tarea fundamental para asegurar la **identificación, localización y trazabilidad** de los productos. Estos elementos permiten automatizar procesos, evitar errores humanos y acelerar las operaciones de entrada, almacenamiento, preparación y salida de mercancía.

Imprimir correctamente los códigos de barras nos evitará problemas en un futuro.

6.1. Importancia de las etiquetas en logística

Las **etiquetas logísticas** son documentos adheridos a productos, cajas o palés, que contienen información clave como:

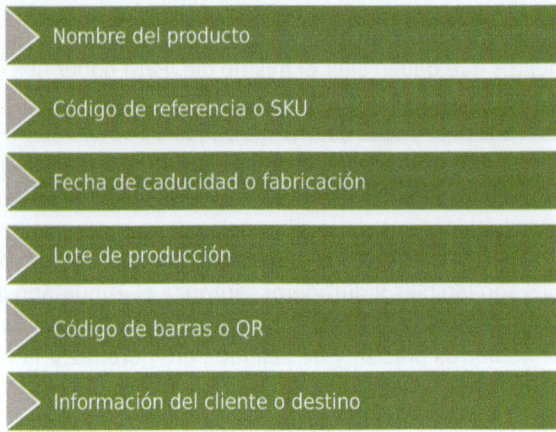

> Nombre del producto
>
> Código de referencia o SKU
>
> Fecha de caducidad o fabricación
>
> Lote de producción
>
> Código de barras o QR
>
> Información del cliente o destino

Una etiqueta mal impresa puede provocar errores de lectura, retrasos en la cadena logística o incluso pérdidas de mercancía.

6.2. Tipos de etiquetas más utilizadas

En el almacén, las etiquetas son un elemento esencial para **identificar, ubicar y seguir la trazabilidad** de cada producto, caja o palé. Existen distintos tipos de etiquetas según su **material, formato y método de impresión,** y la elección adecuada dependerá del uso que se le vaya a dar y del entorno en el que se encuentre la mercancía. No es lo mismo una etiqueta que debe resistir el frío de una cámara frigorífica que otra que se utilizará solo para un envío de corta duración. En este apartado conocerás los **tipos de etiquetas más utilizadas** en las operaciones de almacenaje y qué características debes tener en cuenta para garantizar una identificación duradera y legible:

> **Etiqueta de producto**
> - **Aplicación principal:** identificación individual de artículos
> - **Soporte utilizado:** adhesivo en rollo u hoja

Continúa en página siguiente >>

<< Viene de página anterior

Etiquetade ubicación
- **Aplicación principal:** marcado de estanterías, zonas de *picking,* pasillos
- **Soporte utilizado:** vinilo o papel adhesivo

Etiqueta de palé
- **Aplicación principal:** agrupación de productos para transporte o envío
- **Soporte utilizado:** formato A5 o A4 adhesivo

Etiqueta de envío
- **Aplicación principal:** información de destino y transportista
- **Soporte utilizado:** térmica directa o láser

Etiqueta RFID
- **Aplicación principal:** lectura automática sin contacto
- **Soporte utilizado:** adhesivo con chip integrado

 **DEFINICIÓN**

Etiqueta RFID (identificación por radiofrecuencia)
Es un tipo de etiqueta inteligente que incorpora un microchip y una antena, lo que permite almacenar y transmitir información sin necesidad de contacto visual directo, a diferencia de los códigos de barras. Cuando la etiqueta pasa cerca de un lector RFID, este envía una señal de radio que activa el chip y permite leer o escribir datos automáticamente.

En el entorno del almacén, las etiquetas RFID se utilizan para controlar inventarios, identificar palés o contenedores y rastrear mercancías en tiempo real, reduciendo errores y agilizando el trabajo.

6.3. Impresión de códigos de barras

Los **códigos de barras** son símbolos gráficos que codifican información legible por escáneres. Existen varios tipos, pero los más comunes en almacenes son:

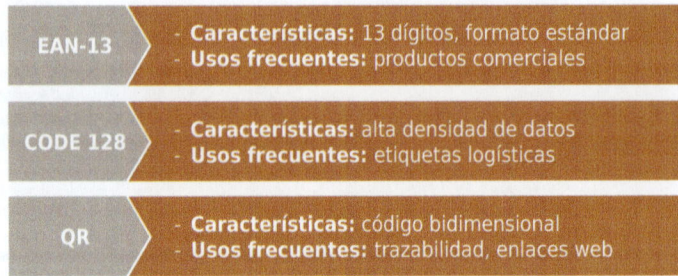

Distinguimos los siguientes **requisitos técnicos** para una impresión correcta:

- Alta resolución (al menos 300 dpi)
- Contraste adecuado (fondo blanco, código negro)
- Margen o "zona muda" alrededor del código
- Tamaño suficiente para escaneado sin errores

6.4. Equipos recomendados para etiquetas y códigos

Para garantizar que las etiquetas y los códigos de barras se impriman con la **calidad, durabilidad y precisión necesarias,** es fundamental utilizar el equipo adecuado. En el entorno del almacén, donde las impresiones suelen ser continuas y de gran volumen, se recomiendan impresoras **térmicas directas o de transferencia,** especialmente diseñadas para etiquetas adhesivas. Además, contar con un **lector o verificador de códigos** ayuda a comprobar que la impresión sea legible y cumpla con los estándares de trazabilidad. En este apartado conocerás qué **equipos son más recomendables** para la impresión y lectura de etiquetas en las operaciones diarias de almacenaje:

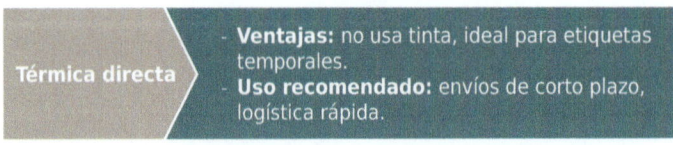

Continúa en página siguiente >>

<< Viene de página anterior

Transferencia térmica	- **Ventajas:** mayor durabilidad, soporta temperaturas extremas. - **Uso recomendado:** cámaras frigoríficas, almacenaje prolongado.
Impresión láser	- **Ventajas:** calidad alta en textos y gráficos. - **Uso recomendado:** etiquetas internas, documentos adjuntos.

 **EJEMPLO**

En un almacén de productos perecederos, cada caja se etiqueta con un código de barras CODE 128 que incluye el lote, la fecha de caducidad y la temperatura recomendada. Se imprime mediante **transferencia térmica** para garantizar la durabilidad en cámaras de frío. Esto facilita el escaneo ágil en el proceso de *picking* y reduce errores de trazabilidad.

 **NOTA**

Si el código de barras **no puede ser leído por el escáner,** se pierde la automatización. Asegúrate de verificar la calidad de la impresión con una muestra antes de lanzar una serie completa.

7. Normativa medioambiental, sostenibilidad y uso responsable

 **HILO CONDUCTOR**

En la nave de distribución donde trabaja Javier, al final del turno se acumulan rollos de etiquetas vacíos, cartuchos de tóner usados y montones de papel

Continúa en página siguiente >>

<< Viene de página anterior

desechado. El encargado recuerda que todos esos residuos deben gestionarse correctamente y que un uso responsable de los equipos ayuda a reducir el consumo de energía y materiales. Esta situación muestra la importancia de aplicar la normativa medioambiental, la sostenibilidad y el uso responsable en las tareas de impresión del almacén.

En el almacén, las tareas de impresión también tienen un impacto sobre el medioambiente. El consumo de papel, energía y consumibles genera residuos que deben gestionarse de forma responsable. Aplicar criterios de **sostenibilidad** y cumplir la **normativa medioambiental** no solo ayuda a proteger el entorno, sino que también mejora la eficiencia y la imagen de la empresa. En este apartado aprenderás qué medidas pueden adoptarse para hacer un **uso responsable de los equipos de impresión,** cómo reducir el consumo de recursos y qué leyes y buenas prácticas deben seguirse para una gestión ambiental correcta dentro del almacén.

Las **claves de la sostenibilidad,** la **normativa y las buenas prácticas ambientales,** junto con un **uso responsable de los recursos,** permiten reducir el impacto ecológico de la impresión en el almacén, garantizando un equilibrio entre la eficiencia operativa y el respeto por el medioambiente.

7.1. Sostenibilidad

La sostenibilidad en la impresión busca minimizar el consumo de recursos naturales y reducir los residuos generados durante el trabajo diario del almacén. Para lograrlo, se promueven acciones como imprimir solo lo necesario, reutilizar papel para borradores o pruebas, utilizar materiales reciclados o certificados (FSC, PEFC) y activar los modos de ahorro energético en los equipos. Estas medidas contribuyen a un uso más eficiente de los recursos y a un entorno de trabajo más responsable con el medioambiente. A continuación, se muestran unas claves de sostenibilidad:

Reducir	Impresión necesaria, dúplex, B/N, vista previa.

Continúa en página siguiente >>

<< Viene de página anterior

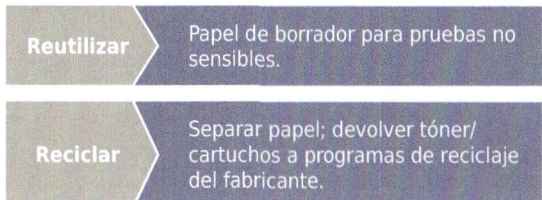

| Reutilizar | Papel de borrador para pruebas no sensibles. |
| Reciclar | Separar papel; devolver tóner/cartuchos a programas de reciclaje del fabricante. |

SABÍAS QUE...

Un solo cartucho de tóner puede tardar más de **450 años en degradarse** si no se recicla correctamente. Sin embargo, más del 90 % de sus componentes pueden reutilizarse si se depositan en el lugar adecuado.

- -

La gestión digital documental es el proceso que permite crear, organizar, almacenar y recuperar documentos en formato electrónico, garantizando su acceso, su seguridad y su trazabilidad.

7.2. Normativa medioambiental relacionada con la impresión

El cumplimiento de la normativa medioambiental garantiza que la empresa gestione correctamente los residuos derivados de la impresión, como los cartuchos de tóner, los *ribbons* o los aparatos eléctricos fuera de uso.

Entre las normas más importantes se encuentran el **RAEE (residuos de aparatos eléctricos y electrónicos)** y la **RoHS (restricción de sustancias peligrosas).**

 **DEFINICIÓN**

Ribbons

Son cintas de tinta utilizadas en las impresoras de transferencia térmica. Su función es transferir la tinta al soporte —generalmente una etiqueta adhesiva— mediante calor, creando una impresión duradera y de alta calidad.

Cada *ribbon* está compuesto por una base de poliéster recubierta con tinta —normalmente de cera, resina o una mezcla de ambas— que se funde cuando el cabezal térmico se calienta.

Además, seguir buenas prácticas ambientales —como el mantenimiento periódico de los equipos, la correcta ventilación de las zonas de impresión o la colaboración con gestores autorizados de residuos— refuerza el compromiso ambiental del almacén.

Para cumplir con la legislación vigente y asegurar una gestión ambiental adecuada, es importante conocer las **principales normativas y certificaciones** relacionadas con la impresión y el uso de equipos en el almacén. Entre las más destacadas se encuentran:

- **RAEE.** Gestión de residuos de aparatos eléctricos y electrónicos (RAEE) y consumibles. Esta normativa regula la recogida, el tratamiento y el reciclaje de equipos eléctricos y electrónicos al final de su vida útil, así como de consumibles como tóneres, cartuchos o *ribbons*. Su objetivo es evitar que estos residuos terminen en vertederos y promover su reutilización o reciclaje mediante gestores autorizados.
- **RoHS.** Restricción de sustancias peligrosas (RoHS) en equipos y materiales. La directiva RoHS limita el uso de sustancias tóxicas (como plomo, mercurio o cadmio) en la fabricación de equipos eléctricos y electrónicos. Gracias a ella, se reduce el impacto ambiental y los riesgos para la salud de las personas que manipulan o mantienen los equipos de impresión.
- **Ecoetiquetas y certificaciones.** El EU Ecolabel es una etiqueta ecológica de la Unión Europea, el Blue Angel (Blauer Engel) es una certificación medioambiental alemana, y FSC/PEFC son sellos de certificación forestal.

Estas certificaciones garantizan que los productos cumplen criterios de eficiencia energética, bajo impacto ambiental y origen sostenible de los materiales. Por ejemplo, el sello FSC o PEFC asegura que el papel procede de bosques gestionados de forma responsable, mientras que EU Ecolabel y Blue Angel identifican productos respetuosos con el medioambiente durante todo su ciclo de vida.

- **ISO.** Sistemas de gestión ambiental (p. ej., ISO 14001) y medición de huella.

  La norma ISO 14001 establece un sistema para planificar, controlar y mejorar el desempeño ambiental de la empresa. Aplicarla en el área de impresión ayuda a controlar el consumo de recursos, los residuos generados y las emisiones. Además, permite medir la huella ambiental para identificar oportunidades de mejora y sostenibilidad.

- **Rendimiento de cartuchos.** Rendimiento de cartuchos con metodologías estandarizadas del fabricante.

  Los fabricantes de equipos deben informar sobre el rendimiento real de los cartuchos (número estimado de páginas por consumible), siguiendo métodos reconocidos internacionalmente. Este dato facilita el control de costes y ayuda a planificar la sustitución eficiente de los consumibles, evitando desperdicios y compras innecesarias.

- **Ley de residuos y suelos contaminados.** La Ley 7/2022, de residuos y suelos contaminados para una economía circular, establece las bases para prevenir la generación de residuos, fomentar su reutilización, reciclaje y valorización, y reducir el impacto ambiental en todas las actividades económicas. Además, promueve una gestión responsable de los recursos y refuerza el control sobre los residuos peligrosos y los suelos contaminados, impulsando así un modelo de producción más sostenible en España.

A continuación, se presenta una tabla resumen con las principales normativas y certificaciones medioambientales relacionadas con la impresión en el entorno del almacén, junto con su objetivo y su aplicación práctica en las tareas diarias.

Normativa/Certificación	Objetivo principal	Aplicación práctica en el almacén
RAEE (residuos de aparatos eléctricos y electrónicos)	Garantizar la recogida y el reciclaje responsable de equipos y componentes eléctricos.	Depositar tóneres, *ribbons* y equipos obsoletos en contenedores específicos o entregarlos a un **gestor autorizado.**

Continúa en página siguiente >>

<< Viene de página anterior

Normativa/Certificación	Objetivo principal	Aplicación práctica en el almacén
RoHS (restricción de sustancias peligrosas)	Eliminar materiales tóxicos en la fabricación de equipos electrónicos.	Utilizar impresoras y consumibles que cumplan la normativa **RoHS,** reduciendo riesgos para la salud y el medioambiente.
Ecoetiquetas (EU Ecolabel, Blue Angel)	Identificar productos con bajo impacto ambiental en todo su ciclo de vida.	Priorizar la compra de equipos y consumibles con **ecoetiquetas reconocidas** por su eficiencia energética y bajo impacto.
Certificaciones FSC/PEFC	Asegurar el uso de papel procedente de bosques gestionados de forma sostenible.	Utilizar **papel certificado** para documentos y etiquetas, favoreciendo la gestión forestal responsable.
ISO 14001 (sistema de gestión ambiental)	Implantar un sistema que controle y mejore el desempeño ambiental de la empresa.	Establecer procedimientos para **controlar consumos, gestionar residuos** y reducir la huella ecológica en la impresión.
Rendimiento de cartuchos (estandarización del fabricante)	Informar sobre el número real de páginas que imprime cada consumible.	Planificar el **reemplazo eficiente** de cartuchos y controlar costes de impresión mediante indicadores.

7.3. Uso responsable

El uso responsable de la impresión implica actuar con criterio y conciencia en cada tarea. Esto incluye evitar impresiones innecesarias, utilizar opciones por defecto en blanco y negro y a doble cara, revisar los documentos antes de imprimir y apagar los equipos cuando no se utilizan. De esta manera, se reducen los costes, se alarga la vida útil de las impresoras y se contribuye a un entorno de trabajo más sostenible.

Además del cumplimiento legal y ecológico, es fundamental crear una **cultura de responsabilidad** entre los trabajadores del almacén. Es decir, unas buenas prácticas de uso responsable, como las siguientes:

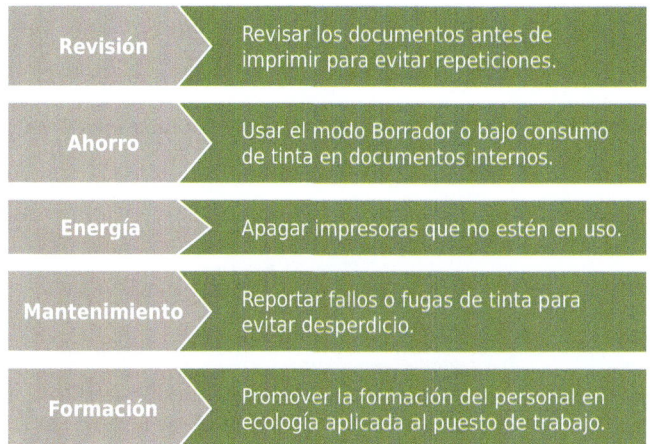

Revisión	Revisar los documentos antes de imprimir para evitar repeticiones.
Ahorro	Usar el modo Borrador o bajo consumo de tinta en documentos internos.
Energía	Apagar impresoras que no estén en uso.
Mantenimiento	Reportar fallos o fugas de tinta para evitar desperdicio.
Formación	Promover la formación del personal en ecología aplicada al puesto de trabajo.

 **CONSEJO**

Coloca contenedores diferenciados en la zona de impresión: uno para papel reciclable, otro para cartuchos usados y otro para residuos no reciclables. Así facilitas el reciclaje y cumples con la normativa.

7.4. Prácticas sostenibles en impresión

Aplicar la sostenibilidad a las tareas de impresión en el almacén es posible con pequeños cambios de hábitos y decisiones conscientes.

Adoptar **prácticas sostenibles en impresión** es fundamental para reducir el impacto ambiental de las actividades diarias en el almacén. Estas prácticas no solo ayudan a **ahorrar recursos** como papel, tinta y energía, sino que también contribuyen a mejorar la **eficiencia operativa** y a fomentar una cultura de respeto hacia el medioambiente dentro del equipo de trabajo. En este apartado conocerás qué hábitos y medidas pueden aplicarse fácilmente para lograr una impresión más ecológica y responsable.

Además de las buenas prácticas generales, existen una serie de **acciones sostenibles recomendadas** que pueden ponerse en marcha en cualquier almacén para optimizar el uso de los equipos de impresión. Estas acciones permiten **minimizar residuos, disminuir costes** y **cumplir la normativa**

ambiental vigente, asegurando un equilibrio entre productividad y sostenibilidad.

A continuación, se presentan algunas de las más efectivas y sencillas de aplicar en el día a día y sus beneficios:

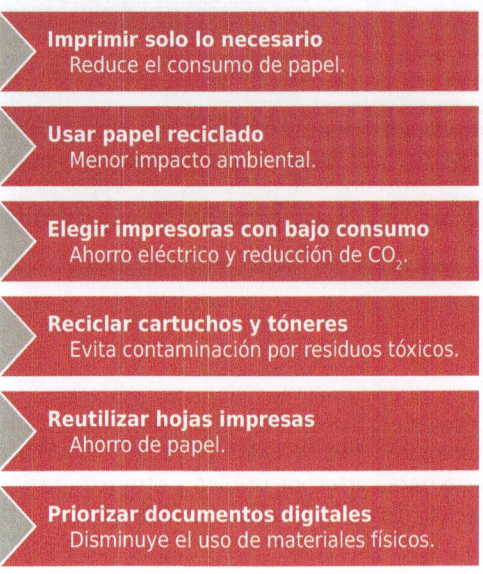

Imprimir solo lo necesario
Reduce el consumo de papel.

Usar papel reciclado
Menor impacto ambiental.

Elegir impresoras con bajo consumo
Ahorro eléctrico y reducción de CO_2.

Reciclar cartuchos y tóneres
Evita contaminación por residuos tóxicos.

Reutilizar hojas impresas
Ahorro de papel.

Priorizar documentos digitales
Disminuye el uso de materiales físicos.

 **EJEMPLO**

En un centro logístico de productos farmacéuticos, se implantó un sistema de impresión bajo demanda y se sustituyeron las hojas sueltas por etiquetas integradas. Esto permitió reducir en un 45 % el consumo de papel en seis meses y mejorar la eficiencia del proceso de embalaje.

 **NOTA**

Ser responsable con los recursos no solo es una obligación legal, sino que también es una **muestra de profesionalidad y compromiso con el medioambiente.**

ACTIVIDAD COMPLEMENTARIA

4. Busca ejemplos reales sobre cómo se gestionan hoy en día los documentos en los almacenes. Puedes centrarte en aspectos como:

- · Uso de carpetas digitales y sistemas de gestión documental (SGD)
- · Implementación de SGA (sistemas de gestión de almacén) para controlar albaranes, pedidos o inventarios
- · Aplicación de medidas de seguridad y confidencialidad en el archivado digital
- · Tendencias en impresión de etiquetas, albaranes electrónicos o digitalización de documentos

Selecciona dos ejemplos reales de empresas o soluciones tecnológicas (por ejemplo, un sistema de gestión documental y un modelo de impresión eficiente en almacén).

Elabora un pequeño informe con la siguiente información:

- · Nombre de la empresa o sistema
- · Descripción del método o herramienta que utiliza
- · Ventajas que aporta en la gestión documental o de impresión
- · Modo de aplicación en un almacén como el vuestro

8. Procedimientos normalizados de trabajo (PNT) aplicados a la impresión

 HILO CONDUCTOR

En la nave de distribución donde trabaja Javier, un compañero nuevo intenta cambiar el rollo de etiquetas en la impresora, pero, al no conocer los pasos exactos, coloca mal el soporte y las etiquetas salen desalineadas. Esto provoca retrasos en la preparación de pedidos y la pérdida de varios consumibles. Para evitar estos problemas, la empresa dispone de procedimientos normalizados de trabajo (PNT), donde se explica de forma clara y sencilla cómo realizar cada tarea de impresión de manera correcta y segura.

En el almacén, muchas de las tareas relacionadas con la impresión — como cambiar un rollo de etiquetas, sustituir un cartucho o configurar un equipo— requieren seguir pasos concretos para garantizar que el proceso sea **seguro, eficiente y sin errores.**

Los **procedimientos normalizados de trabajo (PNT)** sirven precisamente para eso: describen de forma clara y ordenada **cómo realizar una tarea,** quién es el responsable de hacerla y qué recursos se necesitan.

Aplicar PNT en las operaciones de impresión permite mantener la **calidad de los documentos y etiquetas,** evitar incidencias, mejorar la **trazabilidad** y asegurar que todos los trabajadores actúen del mismo modo, independientemente de su turno o experiencia. Implementar estos procedimientos no solo mejora el rendimiento del personal, sino que también protege los equipos y promueve el uso responsable de recursos.

 **DEFINICIÓN**

PNT (procedimientos normalizados de trabajo)
Son documentos que describen paso a paso cómo realizar una tarea de forma segura, eficiente y conforme a los estándares de la empresa. En un almacén, aplicar PNT al uso de impresoras garantiza la uniformidad, la trazabilidad, la reducción de errores y el cumplimiento normativo. Deben ser claros, breves y verificables.

8.1. Estructura de un PNT

Para que un procedimiento normalizado de trabajo sea realmente útil, debe seguir una **estructura clara y ordenada** que facilite su comprensión y aplicación por cualquier trabajador. A continuación, se detallan los **elementos esenciales** que debe incluir un PNT relacionado con las tareas de impresión en el almacén:

- **Código y título.** PNT IMP 001. Reemplazo de tóner
- **Objetivo.** Qué garantiza.
- **Alcance.** A qué equipos/áreas aplica.
- **Responsables.** Quién ejecuta/autoriza.
- **Materiales.** Consumibles/herramientas.
- **Procedimiento.** Pasos numerados.

- ➲ **Seguridad.** Riesgos y EPI (equipo de protección individual), si procede.
- ➲ **Registros.** Qué se anota, dónde y quién.
- ➲ **Anexos.** Capturas, planos, *checklist.*
- ➲ **Revisión.** Versión y control de cambios.

La aplicación de PNT en los procesos de impresión aporta **numerosos beneficios** tanto para la organización como para los trabajadores. Estas ventajas se reflejan en una mayor **seguridad, eficiencia y uniformidad** en las tareas, garantizando que cada procedimiento se realice de forma correcta y sin improvisaciones:

SABÍAS QUE...

Empresas líderes en logística, como Amazon o DHL, tienen **cientos de PNT operativos,** muchos de ellos específicos para tareas como impresión, etiquetado o escaneado, lo que les permite operar con precisión y eficiencia a gran escala.

8.2. Ejemplos de PNT

Para comprender mejor cómo se aplican los procedimientos normalizados de trabajo en las tareas de impresión del almacén, a continuación, se presentan **dos ejemplos prácticos.**

El primero muestra el procedimiento para **cambiar el rollo y el *ribbon*** de una impresora térmica, una tarea frecuente en las operaciones diarias.

El segundo describe cómo realizar la **impresión segura de documentos o etiquetas confidenciales,** garantizando la protección de la información y el correcto uso del equipo.

Estos modelos sirven como **guía de referencia** para elaborar los propios PNT adaptados a las necesidades y equipos de cada empresa:

⊃ Ejemplo de reemplazo de tóner:

- PNT IMP 001 · Reemplazo de tóner
- **Objetivo:** sustituir el tóner sin derrames ni paradas prolongadas.
- **Alcance:** impresoras láser de los modelos X e Y.
- **Responsables:** técnico de soporte o usuario formado.
- **Materiales:** cartucho compatible, guantes, paño sin pelusa.
- **Pasos:** (1) Parar colas. (2) Apagar si el fabricante lo exige. (3) Retirar el cartucho siguiendo la guía. (4) Agitar suavemente el nuevo cartucho y colocar. (5) Ejecutar la prueba de impresión. (6) Registrar en una hoja de consumibles.
- **Seguridad:** evitar la inhalación de polvo de tóner; ventilar si hay derrame.
- **Registros:** fecha, contador de páginas, n.º de serie del cartucho.

⊃ Impresión de albaranes de salida:

- **Objetivo:** garantizar la impresión correcta y oportuna de los albaranes de salida.
- **Alcance:** todo el personal de expedición.
- **Responsable:** operador de expediciones.
- **Frecuencia:** diaria, al confirmar cada pedido en el sistema.
- **Procedimiento:**

  1. Acceder al SGA.
  2. Seleccionar pedido.
  3. Verificar datos.
  4. Imprimir albarán.
  5. Revisar calidad de impresión.
  6. Archivar copia si es necesario.

- **Equipos necesarios:** PC con acceso a SGA, impresora láser conectada.
- **Criterios de calidad:** documento legible, sin manchas, con código de barras imprimible.

- ◔ **Anomalías posibles:** falta de papel, error de formato, impresión borrosa.
- ◔ **Medidas correctivas:** revisar la configuración, reimprimir, comunicar al técnico si persiste.

8.3. Otros PNT habituales en impresión

Además de los procedimientos más comunes, como el cambio de consumibles o la impresión segura, en el almacén existen **otros PNT relacionados con la impresión** que ayudan a mantener el buen funcionamiento de los equipos y la calidad de los documentos.

Estos procedimientos abarcan tareas de **limpieza, calibración, verificación de códigos o gestión de incidencias,** entre otras, y garantizan que cada impresora esté siempre lista para trabajar. Conocerlos y aplicarlos correctamente contribuye a **reducir errores, optimizar tiempos y alargar la vida útil de los equipos.**

A continuación, se muestra una lista con ejemplos de PNT habituales en impresión, adaptada al entorno del almacén:

- ➲ **PNT-IMP-002 · Limpieza del cabezal de impresión.** Describe cómo realizar la limpieza periódica del cabezal y el rodillo de arrastre para evitar manchas o líneas en las etiquetas.
- ➲ **PNT-IMP-003 · Calibración de tamaño de etiqueta y sensores.** Explica los pasos para ejecutar la calibración automática o manual después de cambiar el tipo o tamaño de etiqueta.
- ➲ **PNT-IMP-004 · Verificación de códigos de barras impresos.** Indica cómo comprobar la legibilidad de los códigos mediante un lector o verificador antes de su uso.
- ➲ **PNT-IMP-005 · Sustitución de cartuchos o tóneres.** Detalla cómo reemplazar los consumibles de forma segura, registrando la fecha y el contador de impresión.
- ➲ **PNT-IMP-006 · Registro de mantenimiento preventivo.** Especifica la frecuencia y los elementos a revisar en cada equipo (limpieza, *firmware,* conexiones, piezas móviles).
- ➲ **PNT-IMP-007 · Gestión de incidencias en equipos de impresión.** Establece el protocolo para reportar, documentar y resolver errores o averías menores sin detener la producción.
- ➲ **PNT-IMP-008 · Prueba de impresión y validación de calidad.** Define cómo imprimir una etiqueta o documento de prueba y comprobar el contraste, la alineación y la lectura.

- ➲ **PNT-IMP-009 · Configuración inicial tras la instalación de la impresora.** Indica los pasos para conectar, asignar IP, instalar *drivers* y ajustar perfiles de impresión según el uso.
- ➲ **PNT-IMP-011 · Gestión de residuos y reciclaje de consumibles.** Describe cómo recoger, almacenar y entregar a un gestor autorizado los cartuchos y *ribbons* usados.
- ➲ **PNT-IMP-012 · Apagado y conservación de equipos fuera de servicio.** Explica cómo apagar correctamente las impresoras, cómo protegerlas del polvo y cómo desconectarlas en periodos largos de inactividad.

8.4. Claves para implantar con éxito los PNT de impresión

Implantar correctamente los procedimientos normalizados de trabajo (PNT) en las tareas de impresión es fundamental para que realmente cumplan su función: unificar criterios, mejorar la calidad y aumentar la seguridad en el uso de los equipos. No basta con redactar el documento; es necesario que el personal lo conozca, lo comprenda y lo aplique en su trabajo diario. En este apartado se presentan las claves principales para implantar con éxito los PNT de impresión, asegurando que todos los trabajadores sigan los mismos pasos, mantengan los equipos en buen estado y contribuyan a la eficiencia del proceso:

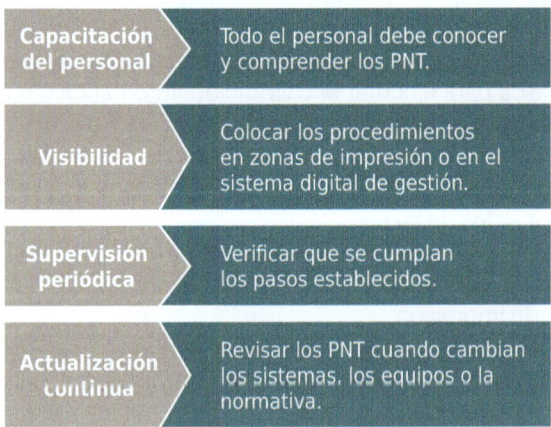

Capacitación del personal	Todo el personal debe conocer y comprender los PNT.
Visibilidad	Colocar los procedimientos en zonas de impresión o en el sistema digital de gestión.
Supervisión periódica	Verificar que se cumplan los pasos establecidos.
Actualización continua	Revisar los PNT cuando cambian los sistemas, los equipos o la normativa.

CONSEJO

Si detectas un fallo recurrente en los pasos de impresión, repórtalo al supervisor. Podría indicar la necesidad de actualizar el PNT o de mejorar la formación del equipo.

- -

IMPORTANTE

Los **procedimientos normalizados de trabajo (PNT)** son una herramienta fundamental para asegurar que las tareas de impresión en el almacén se realicen siempre de forma **correcta, segura y eficiente.** Gracias a ellos, todos los trabajadores siguen los mismos pasos, se reducen los errores y se garantiza la **calidad y trazabilidad** de los documentos y de las etiquetas generadas. Aplicar estos procedimientos no solo mejora la organización del trabajo, sino que también refuerza la **profesionalidad y la responsabilidad ambiental** en cada proceso de impresión.

- -

9. Resumen

La impresora es un equipo esencial en el entorno del almacén, ya que permite generar los documentos y etiquetas necesarios para el control de mercancías, la trazabilidad y la gestión administrativa. Existen diferentes tecnologías de impresión —como *offset,* digital, láser, de inyección de tinta y térmica—, cada una con características que la hacen más adecuada según el tipo de trabajo o el soporte utilizado. En el ámbito logístico, destacan las impresoras térmicas, tanto directas como de transferencia, por su rapidez y durabilidad en la creación de etiquetas y códigos de barras.

El correcto funcionamiento y configuración de las impresoras es clave para asegurar la calidad del resultado. Un mantenimiento preventivo, la calibración de sensores, la limpieza de cabezales y la gestión de consumibles permiten evitar incidencias frecuentes como atascos, impresiones defectuosas o códigos ilegibles. También es importante aplicar medidas de seguridad física y digital, especialmente cuando se imprimen documentos confidenciales o se comparten equipos en red.

La optimización de los procesos de impresión contribuye directamente a la eficiencia del almacén. Imprimir solo lo necesario, utilizar modos de ahorro de tinta, establecer políticas de impresión y controlar indicadores como el coste por página o la disponibilidad de los equipos ayuda a reducir gastos y tiempos de parada. Estas acciones se complementan con criterios de sostenibilidad, que promueven el uso responsable del papel, la gestión correcta de residuos y consumibles, y la aplicación de normas medioambientales como la RAEE, la RoHS o la ISO 14001.

Finalmente, los procedimientos normalizados de trabajo (PNT) aplicados a impresión garantizan que todas las tareas se realicen siguiendo los mismos pasos, con seguridad, orden y eficacia. Desde el cambio de rollos y *ribbons* hasta la verificación de códigos o la gestión de incidencias, los PNT permiten mantener la calidad de la impresión, mejorar la trazabilidad y optimizar los recursos disponibles. Su correcta implantación y seguimiento convierten la impresión en un proceso controlado, sostenible y alineado con las buenas prácticas del almacén moderno.

Ejercicios de autoevaluación
Unidad de aprendizaje 4

1. ¿Qué tipo de impresora es la más utilizada para imprimir etiquetas en el almacén?

    a. Inyección de tinta
    b. *Offset*
    c. Térmica
    d. Digital

2. En la impresión térmica directa, la imagen se obtiene:

    a. Inyectando tinta sobre el papel.
    b. Aplicando calor sobre un papel térmico especial.
    c. Por medio de un tambor con tóner.
    d. Mediante una cinta de transferencia.

3. ¿Qué diferencia principal existe entre la impresión térmica directa y la de transferencia térmica?

    a. La transferencia térmica necesita un *ribbon* o cinta de tinta.
    b. La térmica directa usa tinta líquida.
    c. La transferencia térmica imprime más rápido.
    d. Ambas utilizan papel fotográfico.

4. Una configuración incorrecta del perfil de impresión puede provocar:

    a. Mayor velocidad de red.
    b. Desalineación de etiquetas o códigos ilegibles.
    c. Ahorro de papel.
    d. Mejor calidad de imagen.

5. ¿Qué tarea forma parte del mantenimiento preventivo de una impresora térmica?

    a. Cambiar el sistema operativo.
    b. Aumentar la temperatura de impresión.
    c. Limpiar el cabezal con alcohol isopropílico.
    d. Sustituir los *drivers* del ordenador.

6. ¿Cuál de las siguientes prácticas ayuda a optimizar los costes de impresión?

    a. Imprimir solo lo necesario y usar el modo Borrador.
    b. Imprimir siempre en color.
    c. Desactivar la impresión a doble cara.
    d. Usar papel de mayor gramaje en todos los casos.

7. ¿Qué norma regula la gestión de residuos eléctricos y electrónicos?

    a. RAEE
    b. RoHS
    c. ISO 14001
    d. FSC

8. ¿Qué es un PNT (procedimiento normalizado de trabajo)?

    a. Un *software* de impresión profesional
    b. Un documento que describe cómo realizar una tarea de forma correcta y segura
    c. Un tipo de etiqueta certificada
    d. Un manual técnico de la impresora

9. ¿Qué indicador (KPI) permite medir el tiempo que una impresora está operativa sin fallos?

    a. Coste por página
    b. Páginas reimpresas
    c. Disponibilidad o *uptime*
    d. Tiempo de respuesta del servicio técnico

10. Una impresión sostenible en el almacén se caracteriza por:

    a. Usar siempre papel nuevo.
    b. Reducir el consumo de recursos y reciclar consumibles.
    c. Imprimir más copias de respaldo.
    d. Mantener encendidas todas las impresoras.

Integración de procesos, innovación y tendencias futuras en la gestión documental e impresión en el almacén

Contenido

Objetivos

Los objetivos específicos de esta Unidad de Aprendizaje son:

→ Configurar correctamente un documento para impresión, garantizando el formato, la presentación y la legibilidad de los datos.

→ Redactar correctamente un mensaje profesional simulando el uso de mensajería interna corporativa, garantizando la claridad, el tono adecuado y la confirmación de recepción del documento.

→ Evaluar el compromiso ético y la responsabilidad del alumno en el manejo de información sensible, garantizando la protección de datos y la discreción profesional.

→ Aplicar buenas prácticas en el mantenimiento, la limpieza y el cierre de los equipos informáticos y de impresión al finalizar la jornada laboral, garantizando su correcto funcionamiento y seguridad.

1. Introducción

La gestión documental y los procesos de impresión en el ámbito del almacén han experimentado una profunda transformación en los últimos años. Lo que antes se basaba en procedimientos manuales, registros en papel y archivadores físicos, hoy se gestiona mediante sistemas digitales interconectados que garantizan rapidez, precisión y trazabilidad. Esta evolución no es solo tecnológica, sino también organizativa y cultural: las empresas han comprendido que una gestión documental eficaz es esencial para lograr un flujo logístico sin interrupciones.

En un almacén, cada movimiento físico de mercancía tiene su reflejo documental. Detrás de la recepción de un pedido, la preparación de un envío o la devolución de un producto, existen documentos que registran, certifican y respaldan cada acción: albaranes, etiquetas, facturas, órdenes de compra o formularios de control. La fiabilidad de esa información y su correcta gestión determinan la eficiencia del conjunto de operaciones.

Sin embargo, el entorno actual exige ir más allá del simple registro o archivo. Las empresas se enfrentan a volúmenes de datos cada vez mayores, a la necesidad de compartir información en tiempo real y a nuevas exigencias legales y medioambientales. Por ello, los sistemas documentales y de impresión deben integrarse con los sistemas logísticos (SGA), de gestión empresarial (ERP) y de atención al cliente (CRM), creando un ecosistema digital coherente, seguro y sostenible.

En esta unidad analizaremos cómo se produce esa integración de procesos y qué ventajas aporta al almacén moderno. Aprenderemos a identificar cómo el archivo físico y el digital pueden coexistir de manera coordinada, cómo la automatización y la robotización mejoran la productividad, y qué papel desempeñan las tecnologías emergentes —como la inteligencia artificial, el *blockchain* o la realidad aumentada— en la gestión documental. Para ello, seguiremos con el caso de Javier.

2. La integración de procesos en el entorno logístico

Javier observa cómo el nuevo sistema del almacén conecta automáticamente los pedidos con sus albaranes, etiquetas y facturas. Por primera vez, puede seguir todo el recorrido documental de un producto desde su recepción hasta su entrega. Comprende que la integración entre archivo físico y digital ahorra tiempo y evita errores.

La **gestión documental** en el almacén ya no puede entenderse como una tarea aislada. Los documentos (albaranes, pedidos, etiquetas, fichas de producto o informes de inventario) son parte esencial del flujo logístico y deben estar interconectados con los sistemas informáticos de la empresa.

La integración de procesos permite que toda la información fluya sin interrupciones entre el archivo físico y el digital, evitando duplicidades y errores.

2.1. Concepto de integración documental

La **integración documental** consiste en conectar las distintas etapas del proceso logístico (recepción, almacenamiento, preparación de pedidos y expedición) con los sistemas de gestión de información.

De esta manera, los documentos se generan, se archivan y se consultan de forma unificada, independientemente del formato.

 **EJEMPLO**

Cuando un pedido llega al almacén, el SGA (sistema de gestión de almacén) genera automáticamente un albarán digital. Ese albarán se imprime con código de barras para su validación física y, una vez firmado por el transportista, se escanea y se archiva digitalmente, quedando vinculado al expediente del cliente.

2.2. Ecosistemas documentales integrales

La integración de procesos implica la interacción de varios **sistemas informáticos:**

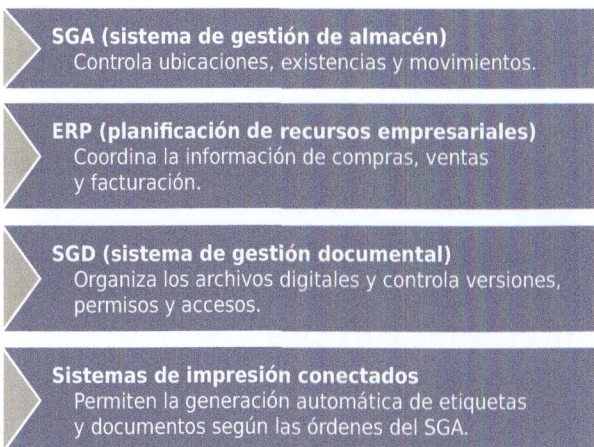

SGA (sistema de gestión de almacén)
Controla ubicaciones, existencias y movimientos.

ERP (planificación de recursos empresariales)
Coordina la información de compras, ventas y facturación.

SGD (sistema de gestión documental)
Organiza los archivos digitales y controla versiones, permisos y accesos.

Sistemas de impresión conectados
Permiten la generación automática de etiquetas y documentos según las órdenes del SGA.

Cuando todos estos sistemas trabajan juntos, el flujo documental es fluido, transparente y rastreable.

2.3. Beneficios de la integración documental

Antes de implantar cualquier sistema de gestión integrada, es importante comprender por qué la integración documental aporta valor real al trabajo diario en el almacén. No se trata solo de conectar programas informáticos o de digitalizar documentos, sino de **unificar la información,** facilitar la comunicación entre áreas y mejorar la eficiencia global de las operaciones. Cuando los flujos documentales —desde el pedido hasta el albarán o la factura— están interconectados, el resultado es un proceso más ágil, seguro y transparente.

A continuación, se presentan los principales **beneficios que aporta la integración documental** en el entorno del almacén y cómo contribuyen a optimizar la gestión diaria de la información y los procesos:

Reducción de errores de registro o duplicidad de datos

Continúa en página siguiente >>

<< Viene de página anterior

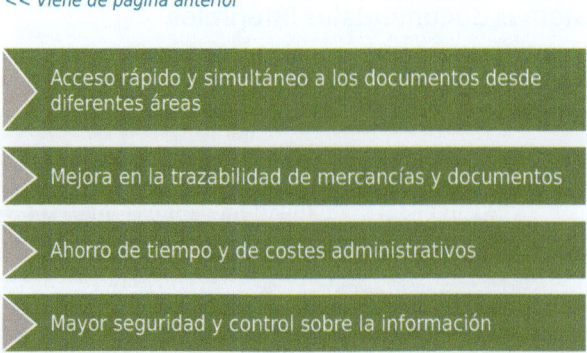

Acceso rápido y simultáneo a los documentos desde diferentes áreas

Mejora en la trazabilidad de mercancías y documentos

Ahorro de tiempo y de costes administrativos

Mayor seguridad y control sobre la información

3. Automatización y robotización de los procesos documentales e impresos

👉 HILO CONDUCTOR

Al registrar la llegada de una mercancía, Javier nota que el sistema genera de inmediato las etiquetas y los documentos de entrada. Ya no tiene que escribir datos ni imprimir manualmente. La automatización se encarga de todo, y las impresoras inteligentes le avisan cuando necesitan mantenimiento o reposición de tóner.

En los almacenes modernos, la **automatización** no se limita al movimiento físico de productos. Los procesos documentales también se automatizan para aumentar la eficiencia y reducir errores humanos.

Gracias a la conexión entre los sistemas de gestión del almacén (SGA), el *software* de planificación (ERP) y las herramientas de impresión, las tareas rutinarias se ejecutan de forma automática: la generación de albaranes, la impresión de etiquetas o el registro de entradas y salidas se realizan sin intervención manual.

Esta automatización no solo acelera los flujos de trabajo, sino que también mejora la precisión de los datos, evita duplicidades y garantiza que la información esté disponible en tiempo real.

Además, la robotización y el uso de inteligencia artificial permiten que muchos procesos administrativos y de control documental se realicen con mínima supervisión, liberando tiempo para que el personal se centre en tareas de mayor valor añadido.

3.1. Automatización documental

Consiste en el uso de *software* y herramientas que generan, clasifican, distribuyen y archivan documentos sin intervención manual.

Los ejemplos de automatización documental en almacenes pueden ser:

➲ Generación automática de etiquetas al registrar la entrada de productos.
➲ Creación de albaranes y facturas desde el SGA o ERP.
➲ Envío automático de confirmaciones por correo electrónico a clientes y proveedores.
➲ Actualización de bases de datos con información escaneada mediante OCR.

3.2. Robotización de tareas administrativas

La **RPA** *(robotic process automation)* permite que robots de *software* realicen tareas repetitivas, como copiar datos entre aplicaciones o verificar información en distintos sistemas.

En logística, esto se usa para:

➲ Introducir datos de pedidos en el ERP.
➲ Validar códigos de productos o referencias.
➲ Generar informes de *stock* diarios.

3.3. Automatización en la impresión

Las impresoras industriales actuales están conectadas a los sistemas del almacén.

Esto permite imprimir etiquetas, códigos de barras o documentos de forma automática, en el momento justo y con la información correcta.

 **EJEMPLO**

Cuando un operario confirma en su PDA la preparación de un pedido, el sistema envía automáticamente la orden de impresión de las etiquetas de envío y el albarán correspondiente.

3.4. Beneficios de la automatización

La implantación de **sistemas automatizados** en la gestión documental del almacén aporta numerosas ventajas, tanto operativas como organizativas. Al eliminar tareas repetitivas y reducir la intervención manual, los procesos se vuelven más ágiles, precisos y eficientes. Además, la automatización mejora la coordinación entre las distintas áreas de trabajo y permite disponer de información actualizada en todo momento. Entre los **principales beneficios** destacan los siguientes:

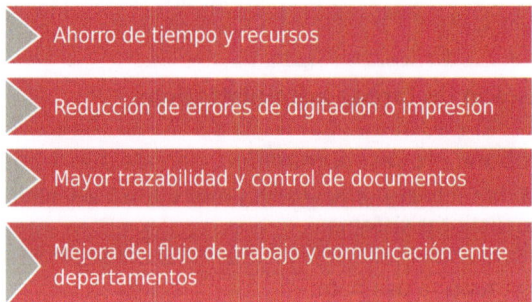

Ahorro de tiempo y recursos

Reducción de errores de digitación o impresión

Mayor trazabilidad y control de documentos

Mejora del flujo de trabajo y comunicación entre departamentos

 **TAREA 11**

Imagina que trabajas en el departamento de documentación de un almacén y debes preparar un albarán o una etiqueta de envío para impresión.

Crea un documento nuevo en *Word, Writer* o *Google Docs* que contenga la siguiente información ficticia:

- Nombre del cliente
- Número de pedido

Continúa en página siguiente >>

<< Viene de página anterior

- Fecha de envío
- Dirección de entrega
- Observaciones del pedido

Configura el documento como si fueras a imprimirlo: selecciona el tamaño de papel (A4), elige la orientación más adecuada (vertical u horizontal) y ajusta los márgenes y el espaciado para que el contenido sea claro y legible.

Antes de imprimir, revisa la vista previa de impresión y verifica que todo el texto se visualiza correctamente, sin cortes ni desalineaciones.

Guarda el archivo en formato PDF listo para imprimir y súbelo a la plataforma como evidencia de la actividad.

Detalla los pasos que darías para hacer este proceso.

---

4. Control de calidad y resolución avanzada de incidencias en archivo e impresión

 HILO CONDUCTOR

Una mañana, Javier detecta que algunas etiquetas se imprimen con un código ilegible. Anota la incidencia en el sistema, sigue el protocolo de revisión y verifica que el error se debe a un fallo de calibración. Después de corregirlo, todo vuelve a funcionar. Comprende que controlar la calidad también es parte del trabajo documental.

El **control de calidad y la resolución de incidencias** en los procesos de archivo e impresión son elementos esenciales para garantizar la fiabilidad y la eficiencia en la gestión documental del almacén. Un documento mal archivado, incompleto o con datos erróneos puede provocar consecuencias importantes: retrasos en las entregas, errores en la facturación, pérdida de trazabilidad o incluso incumplimientos normativos.

Aplicar controles de calidad de forma periódica permite detectar fallos antes de que afecten al funcionamiento general. Esto incluye revisar la correspondencia entre documentos físicos y digitales, comprobar la legibilidad de etiquetas y albaranes impresos, y asegurarse de que los sistemas de registro funcionan correctamente.

Asimismo, disponer de un protocolo claro de resolución de incidencias ayuda a mantener la coherencia de la información y a reducir el tiempo de respuesta ante errores o problemas técnicos. Un sistema documental fiable no solo depende de la tecnología, sino también de la capacidad del personal para verificar, corregir y prevenir irregularidades.

A continuación, se muestra cómo realizar el control de calidad tanto en archivo físico y digital como en impresión:

Control de calidad en archivo físico y digital
- Revisión periódica del estado de las carpetas y etiquetas.
- Comprobación de la correspondencia entre documentos físicos y digitales.
- Control de accesos y actualizaciones en los sistemas de archivo.
- Auditorías internas para verificar que los documentos están completos y bien clasificados.

Control de calidad en impresión
- Calibración de impresoras industriales.
- Comprobación de legibilidad de etiquetas, códigos de barras y albaranes.
- Uso de consumibles de calidad y originales.
- Revisión visual de los documentos antes de su envío o archivado.

En el entorno del almacén, las incidencias documentales son situaciones más comunes de lo que parecen. Un albarán duplicado, una etiqueta mal impresa o un documento archivado en una carpeta incorrecta pueden generar confusiones, pérdidas de tiempo e incluso problemas en la trazabilidad de la mercancía. Por ello, resulta imprescindible contar con un sistema estructurado que permita detectar, registrar y resolver cualquier irregularidad de forma rápida y eficaz.

Una buena gestión de incidencias no solo corrige los errores cuando ocurren, sino que también ayuda a prevenir su repetición mediante el análisis de las causas y la mejora continua de los procedimientos. Esto garantiza que los documentos sean siempre fiables y estén disponibles cuando se necesiten.

Seguidamente se expone el **protocolo fundamental para la resolución de incidencias,** un procedimiento que orienta al personal del almacén sobre cómo identificar, registrar y corregir de manera ordenada cualquier error que pueda producirse en los procesos de archivo o de impresión documental:

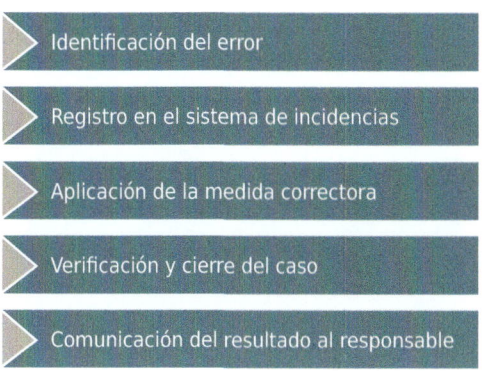

Identificación del error

Registro en el sistema de incidencias

Aplicación de la medida correctora

Verificación y cierre del caso

Comunicación del resultado al responsable

 **EJEMPLO**

Durante la preparación de un pedido, Javier detecta que una de las etiquetas de envío se ha impreso con el código de barras incompleto, lo que impide su lectura por el escáner. Siguiendo el **protocolo de resolución de incidencias,** procede de la siguiente forma:

- **Identificación del error:** Javier revisa la etiqueta y confirma que el problema no proviene del sistema, sino de la impresora térmica, que presenta el cabezal sucio.
- **Registro en el sistema:** introduce la incidencia en la aplicación interna de control, indicando el tipo de error ("fallo de impresión"), el número de pedido afectado y la fecha.
- **Aplicación de la medida correctora:** limpia el cabezal de la impresora, realiza una prueba de impresión y vuelve a generar la etiqueta defectuosa.
- **Verificación y cierre del caso:** comprueba que el nuevo código de barras se imprime correctamente y se puede escanear sin errores.
- **Comunicación del resultado:** informa a su responsable del área de que el problema ha sido resuelto y deja constancia de la actuación en el registro de incidencias.

Continúa en página siguiente >>

<< Viene de página anterior

Gracias a este procedimiento, la incidencia se soluciona rápidamente, se evita un posible error en el envío y queda un registro útil para futuras auditorías o revisiones técnicas.

---

5. Sostenibilidad e impresión responsable en el entorno logístico

 HILO CONDUCTOR

Javier ve que en la nave se han reducido las impresiones en papel. Ahora, la mayoría de los documentos se consultan en tabletas o se firman digitalmente. Además, los cartuchos de tóner se reciclan y las etiquetas se imprimen solo cuando son necesarias. El cambio hacia un almacén más sostenible le parece lógico y necesario.

La **sostenibilidad** se ha convertido en un eje clave dentro de la gestión documental y de impresión, especialmente en el ámbito logístico, donde el volumen de documentación diaria puede ser muy elevado. Cada albarán, etiqueta o parte de entrega que se imprime implica un consumo de papel, tinta y energía. Por eso, muchas empresas están adoptando políticas que buscan reducir el impacto ambiental de sus procesos documentales sin perder eficiencia operativa.

Los almacenes sostenibles son aquellos que optimizan sus recursos y minimizan los residuos. La sostenibilidad no se limita a reciclar, sino que implica repensar la manera en que se genera, se comparte y se conserva la información. Digitalizar documentos, implantar sistemas de firma electrónica o sustituir impresiones innecesarias por consultas digitales son medidas que reducen significativamente el consumo de papel y contribuyen a una gestión más responsable.

Además, el uso racional de los consumibles de impresión también juega un papel fundamental. Optar por tintas ecológicas, cartuchos reciclados o impresoras con modo de bajo consumo ayuda a disminuir la huella de carbono. Mantener los equipos en buen estado evita desperdicios de tinta o papel y alarga su vida útil, reduciendo los residuos electrónicos.

Otro aspecto importante es la impresión bajo demanda. En lugar de imprimir lotes grandes de etiquetas o documentos que podrían quedar obsoletos, se generan únicamente los necesarios en cada momento. Este modelo, apoyado en los sistemas automatizados del almacén, evita el exceso de copias y garantiza que la información impresa esté siempre actualizada.

La sostenibilidad es un factor importante y cada vez está más en auge en todas las empresas.

La sostenibilidad también se refleja en la gestión energética: el uso de equipos certificados con sellos de eficiencia (como Energy Star), el apagado automático de impresoras en periodos de inactividad o la iluminación LED en las zonas de impresión son acciones sencillas que marcan la diferencia.

Adoptar **hábitos responsables** en la impresión diaria permite reducir el consumo de papel, tinta y energía sin afectar la productividad del almacén. Pequeños gestos cotidianos pueden marcar una gran diferencia en el impacto ambiental de la empresa.

El uso eficiente de los consumibles de impresión es fundamental para minimizar residuos y costes. Un mantenimiento adecuado y el reciclaje de cartuchos y tóneres ayudan a prolongar la vida útil de los equipos y a fomentar un entorno de trabajo más sostenible.

A continuación, se muestran tanto **buenas prácticas de impresión sostenible** como la gestión responsable de consumibles:

Buenas prácticas	- Imprimir solo lo necesario (uso de vistas previas). - Reutilizar hojas para borradores. - Utilizar papel reciclado o con certificación ecológica. - Utilizar papel reciclado o con certificación ecológica.
Gestión responsable	- Recolectar y reciclar cartuchos de tinta y tóner. - Seguir los programas de reciclaje de fabricantes. - Mantener las impresoras en buen estado para evitar desperdicios.

IMPORTANTE

La sostenibilidad en la gestión documental y de impresión no es solo una cuestión ambiental, sino también **económica y estratégica.** Un almacén que utiliza menos recursos, genera menos residuos y trabaja de forma más digital no solo protege el medioambiente, sino que reduce costes, mejora su imagen corporativa y se adapta mejor a las exigencias del mercado actual.

6. Normativa, comunicación interna y uso responsable de los equipos informáticos

 HILO CONDUCTOR

Durante una auditoría interna, Javier aprende que no todos los empleados pueden acceder a la misma información. Los albaranes con datos de clientes están protegidos, y los documentos antiguos se destruyen siguiendo normas específicas. Entiende la importancia de la confidencialidad y del uso ético de los datos.

El manejo de documentos en un almacén implica tratar información sensible que debe ser protegida con especial cuidado. Albaranes, facturas, contratos, fichas de proveedores o registros de clientes contienen datos personales, precios, direcciones y otra información que, si se gestiona incorrectamente, puede generar riesgos legales y económicos para la empresa.

Cumplir con la legislación vigente en materia de protección de datos, especialmente el Reglamento general de protección de datos (RGPD) y la Ley orgánica de protección de datos y garantía de los derechos digitales (LOPDGDD), no es una opción, sino una obligación. Estas normas establecen cómo deben recogerse, almacenarse, utilizarse y eliminarse los datos personales, garantizando la privacidad de las personas y la seguridad de la información empresarial.

En el entorno del almacén, la protección de datos comienza por un control adecuado de los accesos a la información. No todos los trabajadores necesitan consultar o modificar los mismos documentos. El uso de contraseñas seguras, la asignación de perfiles de usuario según el rol de cada empleado y el registro de las actividades realizadas en los sistemas ayudan a prevenir accesos indebidos o manipulaciones no autorizadas.

Asimismo, es fundamental mantener una política clara de confidencialidad. Los empleados deben conocer las normas sobre cómo manejar documentos impresos, qué hacer con la información obsoleta y cómo actuar ante una posible filtración. La ética profesional exige discreción y responsabilidad: los datos del cliente o del proveedor no deben comentarse ni compartirse fuera del entorno laboral.

La **seguridad documental** también abarca aspectos técnicos y físicos. En el ámbito digital, es necesario realizar copias de seguridad periódicas, cifrar los documentos sensibles y actualizar los sistemas de *software* para evitar vulnerabilidades. En el plano físico, se deben conservar los documentos en lugares protegidos, utilizar archivadores cerrados y disponer de trituradoras o servicios certificados de destrucción cuando los archivos dejan de ser necesarios.

La formación y sensibilización del personal es clave. Un trabajador bien informado sabrá reconocer riesgos, aplicar buenas prácticas y actuar de forma responsable ante cualquier incidencia relacionada con la seguridad de la información. De este modo, la empresa protege no solo los datos que gestiona, sino también su reputación, su credibilidad y la confianza de sus clientes y colaboradores.

La **seguridad documental** se basa en una serie de medidas preventivas que garantizan la integridad y la confidencialidad de la información. Aplicar estos principios en el almacén permite proteger los datos frente a pérdidas, accesos no autorizados o manipulaciones, asegurando que los documentos estén siempre disponibles y en las condiciones adecuadas.

A continuación, se muestran los principios básicos de seguridad documental:

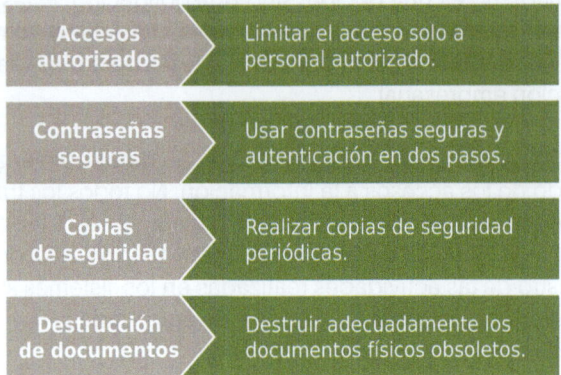

Accesos autorizados	Limitar el acceso solo a personal autorizado.
Contraseñas seguras	Usar contraseñas seguras y autenticación en dos pasos.
Copias de seguridad	Realizar copias de seguridad periódicas.
Destrucción de documentos	Destruir adecuadamente los documentos físicos obsoletos.

Más allá de las normas técnicas, la seguridad también depende del comportamiento responsable de las personas. La **ética profesional** en la gestión documental implica actuar con discreción, respeto y compromiso, evitando el uso indebido de la información y manteniendo la confianza que clientes, proveedores y compañeros depositan en la empresa.

6.1. Comunicación documental interna y mensajería corporativa

En el entorno logístico digital, la comunicación entre departamentos es esencial para mantener la trazabilidad y la eficiencia en la gestión de documentos.

Las herramientas de mensajería informática interna, como *Microsoft Teams, Slack, Google Chat* o las plataformas de intranet corporativa, permiten enviar, recibir y confirmar documentos en tiempo real, reduciendo los tiempos de respuesta y evitando pérdidas de información.

Estas aplicaciones no solo facilitan el envío de archivos, sino que también permiten:

> Confirmar la recepción correcta de los documentos, gracias a notificaciones o mensajes de confirmación.

> Mantener registros de las conversaciones y documentos enviados, garantizando la trazabilidad.

> Compartir archivos directamente desde la nube, sin necesidad de copias físicas ni correos externos.

> Asignar tareas o responsabilidades sobre documentos concretos dentro del flujo de trabajo.

Para un uso responsable, es importante:

- ⮕ Usar exclusivamente las cuentas corporativas para el intercambio de documentos.
- ⮕ Incluir siempre un asunto claro y una breve descripción del contenido.
- ⮕ Solicitar o confirmar la recepción cuando el documento sea relevante (por ejemplo, albaranes, informes o listados de pedidos).

La utilización eficaz de estas herramientas contribuye a una comunicación más fluida y segura, garantizando que la información llegue correctamente al destinatario y se mantenga disponible para la posterior consulta.

6.2. Cierre y mantenimiento de equipos al finalizar la jornada

El correcto uso de los equipos informáticos y de impresión incluye no solo su manejo durante la jornada, sino también su revisión y su cierre adecuado al finalizar el turno.

Estas acciones, aunque sencillas, forman parte del control de calidad y del mantenimiento preventivo del almacén digital.

Antes de abandonar el puesto de trabajo, el personal debe:

> Guardar y cerrar todos los documentos y programas abiertos para evitar pérdida de información.

Continúa en página siguiente >>

<< Viene de página anterior

Cerrar la sesión de usuario o bloquear el equipo, garantizando la confidencialidad de los datos.

Apagar correctamente el ordenador, monitor, impresoras y otros dispositivos periféricos.

Verificar el estado del equipo de impresión, comprobando que no haya alertas de papel atascado o niveles bajos de tinta o tóner.

Dejar el área de trabajo limpia y ordenada, sin documentos visibles o material fuera de su lugar.

Estas buenas prácticas garantizan que los equipos estén disponibles para el siguiente turno en óptimas condiciones, evitan incidencias técnicas y refuerzan la responsabilidad compartida en el uso de los recursos tecnológicos del almacén.

NOTA

Un equipo bien cerrado y mantenido refleja profesionalidad, respeto por los recursos de la empresa y compromiso con la seguridad de la información.

TAREA 12

Imagina que formas parte del equipo administrativo de un almacén y debes enviar un documento digital (por ejemplo, un informe de incidencias o un albarán corregido) al responsable de logística a través de una plataforma interna de mensajería (como *Teams*, *Slack* o correo corporativo).

Tu tarea consiste en redactar el mensaje que acompañaría al envío del documento, como si lo enviaras dentro del entorno laboral.

Escribe un asunto claro que identifique el contenido del mensaje.

Continúa en página siguiente >>

<< Viene de página anterior

Redacta un texto breve (entre 6 y 8 líneas), en el que debes:

- Indicar el nombre del documento o archivo que envías.
- Explicar brevemente su contenido o finalidad.
- Solicitar la confirmación de recepción del documento.

 TAREA 13

Imagina que trabajas en el área administrativa de un almacén logístico y eres la última persona en finalizar el turno.

Antes de salir, debes dejar los equipos informáticos y de impresión en perfecto estado para que el siguiente turno pueda comenzar sin incidencias.

Explica qué pasos seguirías para cerrar correctamente los equipos al finalizar la jornada.

Incluye tanto acciones técnicas (por ejemplo: guardar y cerrar documentos, apagar equipos, revisar impresoras) como buenas prácticas organizativas (como dejar el área ordenada y mantener la confidencialidad de la información).

---

7. Transformación digital e innovación tecnológica en la logística documental

 HILO CONDUCTOR

Un día, Marta —la responsable del almacén— le muestra a Javier una nueva función del sistema: el reconocimiento automático de datos en los albaranes escaneados. La inteligencia artificial clasifica los documentos sin intervención humana. Javier se sorprende al ver cómo la tecnología facilita tareas que antes requerían mucho tiempo.

La **transformación digital** ha revolucionado la forma en que los almacenes gestionan su documentación y los flujos de información. Ya no basta con escanear documentos o guardar copias electrónicas: la verdadera digitalización implica rediseñar los procesos para que todos los datos se generen, se compartan y se almacenen de forma integral, segura y automatizada.

En el ámbito logístico, esta transformación afecta a cada etapa del trabajo: desde la recepción de mercancías hasta la expedición de pedidos. Los documentos tradicionales —como albaranes, etiquetas, órdenes de carga o comprobantes de entrega— se sustituyen o complementan con formatos electrónicos que se integran en los sistemas informáticos de la empresa. Así, la información fluye sin interrupciones entre departamentos, sin necesidad de papel ni de registros manuales.

La digitalización también está vinculada a la eficiencia operativa. Los operarios pueden acceder a los documentos directamente desde terminales móviles, tabletas o lectores de código de barras, evitando desplazamientos innecesarios o pérdidas de tiempo en búsquedas. Además, las actualizaciones en los sistemas se reflejan en tiempo real, lo que garantiza que todos los trabajadores consulten siempre la versión más reciente del documento.

Por otro lado, la innovación tecnológica aporta herramientas que mejoran la precisión, la trazabilidad y la seguridad de la información. La inteligencia artificial (IA) permite clasificar documentos automáticamente, reconocer texto en imágenes (OCR) y detectar errores o duplicidades. El *blockchain* se utiliza para certificar la autenticidad de los documentos logísticos, garantizando que no se alteren después de su emisión.

 **DEFINICIÓN**

Blockchain (o cadena de bloques)
Es una tecnología que permite registrar información de manera segura, transparente e inalterable. Funciona como una base de datos distribuida en la que cada bloque de información está vinculado al anterior mediante un código único, lo que impide que los datos puedan modificarse sin dejar rastro.

El almacenamiento en la nube *(cloud computing)* es otra pieza clave. Permite que los archivos estén disponibles desde cualquier lugar y dispositivo, facilitando la colaboración entre sedes, transportistas o clientes. De este modo, un documento de entrega firmado digitalmente puede ser consultado de inmediato por el departamento de administración o el área de atención al cliente, sin necesidad de intercambiar correos ni copias físicas.

Proteger nuestra formación a través de la digitalización es parte de la transformación digital.

La realidad aumentada y los gemelos digitales también comienzan a aplicarse en la gestión documental y de procesos logísticos. Estas tecnologías permiten visualizar en pantallas o dispositivos de realidad mixta los movimientos de mercancías y sus documentos asociados, mejorando el control y la toma de decisiones en tiempo real.

Finalmente, la transformación digital debe ir acompañada de una cultura de cambio dentro de la organización. No se trata solo de implementar tecnología, sino de formar al personal, adaptar los procedimientos y fomentar la confianza en los nuevos sistemas. Cuando la empresa asume la digitalización como parte de su estrategia, logra procesos más rápidos, seguros, sostenibles y alineados con las demandas del mercado actual.

7.1. Digitalización inteligente

La **digitalización inteligente** representa un paso más allá del simple escaneo de documentos. No se trata únicamente de convertir el papel en formato digital, sino de extraer, organizar y aprovechar la información contenida en esos documentos de manera automática y eficiente.

En un almacén, los procesos de digitalización inteligente permiten que los documentos físicos, como albaranes o formularios de recepción, se integren directamente en los sistemas informáticos de la empresa, mejorando la trazabilidad y reduciendo el trabajo manual:

Escaneo con OCR
El reconocimiento óptico de caracteres *(optical character recognition)* convierte la información impresa en texto editable. Esto permite que el sistema lea los datos de un documento escaneado —por ejemplo, un número de pedido o una fecha— y los incorpore directamente al SGA o ERP sin necesidad de volver a escribirlos.

Indexación automática y búsqueda
Una vez digitalizado, cada documento se clasifica mediante palabras clave (índices) generadas automáticamente. Así, los usuarios pueden encontrar un albarán, una factura o una etiqueta simplemente introduciendo parte del texto o el nombre del cliente en el buscador del sistema. Esto agiliza la localización y evita errores de archivo.

Sincronización con SGA y ERP
La digitalización inteligente conecta los documentos con los sistemas de gestión del almacén (SGA) y los programas de planificación empresarial (ERP). Por ejemplo, un albarán escaneado se asocia automáticamente al pedido correspondiente y queda disponible para su consulta desde cualquier área de la empresa, sin necesidad de duplicar registros.

Gracias a estas funciones, la digitalización inteligente optimiza la gestión documental, reduce la dependencia del papel y garantiza un acceso más rápido, seguro y fiable a la información.

7.2. Tecnologías innovadoras

El avance tecnológico ha introducido nuevas herramientas que están transformando la gestión documental en los almacenes, haciendo los procesos más ágiles, automatizados y seguros. A continuación, se presentan algunas de las más relevantes:

- **Cloud computing.** Permite almacenar los documentos en servidores en la nube, accesibles desde cualquier dispositivo con conexión a internet. Esto facilita el trabajo remoto, la colaboración entre diferentes sedes o departamentos y la actualización inmediata de la información. Por ejemplo, un documento firmado electrónicamente en el punto de entrega puede consultarse al instante desde la oficina central.

- **Inteligencia artificial (IA).** Los sistemas basados en IA pueden clasificar documentos de manera automática, detectar errores en los datos, identificar duplicados y aprender de los patrones de trabajo. En logística, se utiliza para analizar grandes volúmenes de información y optimizar la gestión de documentos repetitivos, como albaranes o comprobantes de entrega.
- ***Blockchain.*** Esta tecnología permite registrar documentos de forma segura y verificable. Cada registro queda sellado digitalmente y vinculado al anterior, lo que garantiza que no pueda alterarse sin dejar rastro. En los almacenes, se aplica para validar la autenticidad de albaranes electrónicos, contratos o certificados de transporte, aportando confianza y transparencia a la cadena logística.
- **Realidad aumentada.** Combina el mundo físico con información digital. En la gestión documental, puede utilizarse para mostrar en pantalla —o a través de dispositivos portátiles— la ubicación de un documento, el estado de un lote o la trazabilidad de un envío. Esto facilita el control de inventario y la gestión de información en tiempo real.
- **Mantenimiento predictivo.** Los equipos de impresión y digitalización más avanzados incorporan sensores que detectan el estado de los componentes y envían alertas antes de que ocurra un fallo. De esta manera, se puede sustituir un tóner, limpiar un cabezal o programar una revisión sin que el equipo deje de funcionar, garantizando la continuidad del trabajo y reduciendo los costes de reparación.

En conjunto, estas tecnologías innovadoras están dando forma al almacén digital del futuro, donde la información fluye de manera constante, los procesos se anticipan a los problemas y la gestión documental se convierte en un elemento estratégico para la eficiencia y la sostenibilidad empresarial.

8. Casos de éxito en la digitalización documental de almacenes

 **HILO CONDUCTOR**

Durante una sesión formativa, Javier conoce ejemplos de otras empresas logísticas que han digitalizado por completo su documentación. Le llama la atención cómo estas organizaciones han reducido errores, ahorrado papel y mejorado su servicio al cliente. Piensa que su empresa va por el mismo camino.

A continuación, se muestran tres ejemplos de tres empresas diferentes en relación a la digitalización:

Caso 1. Empresa de transporte

Una empresa de mensajería digitalizó sus albaranes y los integró en su sistema SGA. Resultado: reducción del 80 % del tiempo en localizar comprobantes y eliminación total del papel en rutas.

Caso 2. Centro logístico automatizado

Implementó un sistema de impresión conectado con el ERP para generar etiquetas automáticamente según el destino del pedido. Resultado: reducción de errores de etiquetado en un 95 %.

Caso 3. Operador de *e-commerce*

Instaló impresoras industriales inteligentes que envían alertas de mantenimiento. Resultado: mayor disponibilidad de equipos y reducción del 20 % en consumo de tinta.

9. Competencias profesionales del técnico documental en el almacén digital

☞ HILO CONDUCTOR

Mientras se adapta a las nuevas herramientas, Javier se da cuenta de que su trabajo requiere más habilidades digitales. Aprende a usar el sistema de gestión documental, a resolver pequeños fallos técnicos y a trabajar de forma más colaborativa. Entiende que formarse continuamente es clave para seguir creciendo profesionalmente.

El profesional del archivo y la impresión en el entorno logístico debe adaptarse a un entorno cada vez más tecnológico, donde los documentos, las comunicaciones y los flujos de información se gestionan de forma digital e integrada. Su papel ya no se limita a archivar o imprimir, sino que se amplía hacia la gestión, supervisión y optimización de los procesos documentales dentro de sistemas automatizados y conectados.

En un almacén digital, el técnico documental actúa como un enlace entre la gestión administrativa y la operativa. Es responsable de garantizar que los documentos, tanto físicos como electrónicos, estén correctamente clasificados, actualizados y disponibles para todos los departamentos que los necesiten. Además, debe conocer el funcionamiento de los programas de gestión (SGA, ERP y sistemas documentales) y ser capaz de resolver incidencias relacionadas con el flujo de información.

Para desenvolverse eficazmente en este nuevo contexto, el técnico debe desarrollar una combinación de competencias técnicas y transversales, que incluyen tanto habilidades digitales como capacidades organizativas y personales.

Las **competencias técnicas** son los conocimientos específicos y las habilidades prácticas que permiten a una persona realizar de forma eficaz las tareas propias de su puesto de trabajo.

En el contexto del almacén, incluyen el manejo de programas informáticos, el uso de equipos de impresión o digitalización, la gestión documental, la resolución de incidencias y la aplicación de normas de calidad y seguridad.

Son las capacidades directamente relacionadas con la ejecución de las funciones profesionales.

A continuación, se muestran las **competencias técnicas:**

- ⮑ **Manejo de herramientas informáticas.** Relacionadas con la gestión documental y logística, como sistemas de archivo digital, *software* de impresión conectada o plataformas en la nube.
- ⮑ **Conocimientos de digitalización y automatización.** Entendiendo cómo funcionan los procesos de escaneo, indexación y vinculación de documentos al SGA o ERP.
- ⮑ **Capacidad de análisis y control.** Verificando la calidad de los documentos, detectando incidencias y aplicando medidas correctoras.
- ⮑ **Gestión de la información y seguridad de datos.** Garantizando la confidencialidad y el cumplimiento de la normativa vigente.
- ⮑ **Mantenimiento básico de equipos de impresión y digitalización.** Para asegurar su correcto funcionamiento y prevenir averías.

Las **competencias transversales** son aquellas habilidades, actitudes y valores que no dependen de una tarea concreta, pero que resultan esenciales para desenvolverse en cualquier entorno laboral.

Incluyen aspectos como la comunicación, el trabajo en equipo, la organización, la capacidad de adaptación, la responsabilidad o el compromiso con la sostenibilidad.

Estas competencias permiten al trabajador colaborar eficazmente con otros, adaptarse a los cambios y mantener un comportamiento profesional y ético en cualquier situación.

A continuación, se muestran las competencias transversales:

Organización y planificación
Para gestionar grandes volúmenes de información sin perder la trazabilidad ni la coherencia.

Comunicación efectiva
Facilitando la coordinación entre los distintos departamentos (almacén, administración, compras, logística).

Trabajo en equipo y colaboración digital
Especialmente en entornos donde la información se comparte de manera simultánea entre varios usuarios.

Capacidad de adaptación al cambio
Ante la constante evolución tecnológica y las actualizaciones de los sistemas.

Compromiso con la sostenibilidad
Fomentando prácticas responsables en la gestión documental y el uso de recursos.

Además, el técnico documental debe desarrollar una actitud de aprendizaje continuo. Las herramientas y tecnologías cambian rápidamente, por lo que la formación permanente se convierte en una parte esencial de su desarrollo profesional. La participación en cursos, certificaciones y actualizaciones en materia de gestión documental, impresión o digitalización avanzada le permitirá mantener su competitividad en el mercado laboral.

Por último, no hay que olvidar las competencias éticas y de responsabilidad profesional. Gestionar documentos implica custodiar información sensible de clientes, proveedores o empleados. La honestidad, la discreción y el cumplimiento riguroso de las normas de protección de datos son cualidades imprescindibles para este perfil.

NOTA

El técnico documental del almacén digital combina el dominio tecnológico con la organización, la ética y la proactividad. Es un profesional clave en la transición hacia una logística más conectada, eficiente y sostenible, donde la información se convierte en uno de los recursos más valiosos de la empresa.

TAREA 14

Durante la revisión de los archivos del almacén, encuentras una carpeta con documentos de proveedores que incluye información de precios y contratos. Un compañero nuevo te pide que le envíes copias por correo personal para "avanzar el trabajo desde casa".

Decide cómo actuar y redacta una breve justificación de tu respuesta según las normas de seguridad y confidencialidad.

---

10. Tendencias futuras en gestión documental e impresión logística

HILO CONDUCTOR

En una charla del departamento, Javier escucha hablar sobre los futuros almacenes inteligentes: sin papeles, con impresoras conectadas a la nube y documentos gestionados por inteligencia artificial. Imagina cómo será su trabajo en unos años, rodeado de tecnología, pero con la misma precisión y responsabilidad de siempre.

10.1. El futuro digital del almacén: automatización, sostenibilidad e innovación

El futuro del almacén se dirige hacia la automatización total y la sostenibilidad digital. La gestión documental y los procesos de impresión están evolucionando rápidamente gracias a la integración de tecnologías avanzadas que buscan optimizar los recursos, eliminar el papel y aumentar la trazabilidad de la información.

En los próximos años, los almacenes tenderán a convertirse en entornos completamente digitales, donde todos los documentos (albaranes, etiquetas, facturas, informes o partes de trabajo) se generen, se firmen y se archiven electrónicamente. Esto permitirá reducir los errores, acelerar los procesos y garantizar un acceso inmediato a la información desde cualquier dispositivo o ubicación.

Una de las principales tendencias será la implantación de sistemas inteligentes de gestión documental, capaces de clasificar, analizar y distribuir documentos de manera autónoma mediante el uso de inteligencia artificial (IA) y aprendizaje automático *(machine learning)*. Estas herramientas aprenderán de los hábitos de los usuarios y mejorarán progresivamente su precisión, facilitando la toma de decisiones en tiempo real.

La impresión conectada y sostenible también marcará el futuro del sector. Las impresoras industriales estarán integradas en la red del almacén, conectadas al SGA y controladas a través de plataformas en la nube. Esto permitirá imprimir etiquetas o documentos solo cuando sea estrictamente necesario (impresión bajo demanda), optimizando el uso de papel y tinta. Además, se incorporarán consumibles ecológicos, materiales reciclables y programas de compensación de huella de carbono para reducir el impacto ambiental.

Otro avance importante será el desarrollo de almacenes inteligentes, donde la gestión documental estará completamente sincronizada con los procesos logísticos. Los sensores IoT (internet de las cosas) recopilarán información en tiempo real sobre la ubicación y el estado de los productos, generando automáticamente registros documentales asociados a cada movimiento. De este modo, la documentación dejará de ser un proceso independiente para convertirse en una parte natural del flujo operativo.

La realidad aumentada y los gemelos digitales también tendrán un papel destacado. Permitirán visualizar la información documental sobre un producto, lote o envío simplemente apuntando con una tableta o visor inteligente hacia la zona correspondiente. Esta tecnología facilitará la trazabilidad y el control, reduciendo el tiempo de búsqueda y mejorando la precisión de las operaciones.

DEFINICIÓN

Gemelos digitales *(digital twins)*

Son réplicas virtuales de objetos, procesos o sistemas reales que permiten simular su funcionamiento en tiempo real mediante el uso de datos.

Estos modelos digitales se alimentan continuamente de información procedente de sensores, equipos y sistemas informáticos, lo que permite monitorizar, analizar y predecir el comportamiento del elemento real.

En el ámbito de la logística y la gestión documental, los gemelos digitales se utilizan para recrear digitalmente el almacén, las rutas de transporte o los flujos de información. De este modo, las empresas pueden visualizar cómo se mueven las mercancías, cómo circulan los documentos o cómo se comportan los equipos antes de realizar cambios reales.

EJEMPLO

Un gemelo digital del almacén puede mostrar en una pantalla la ubicación exacta de los productos, el estado de las estanterías, las rutas de los operarios o el consumo energético de las impresoras y sistemas.

Esto permite anticipar incidencias, mejorar la eficiencia y optimizar los recursos sin interrumpir la actividad diaria.

Finalmente, la sostenibilidad se consolidará como un pilar esencial. Las empresas avanzan hacia modelos *paperless* (sin papel) y políticas de economía circular, donde los residuos se minimizan y los recursos se reutilizan. Los sistemas digitales, además de ser más eficientes, permitirán medir y compensar el impacto ambiental de cada proceso, reforzando el compromiso ecológico del sector logístico.

RECUERDA

La gestión documental e impresión logística del futuro se caracterizará por ser inteligente, automatizada, segura y sostenible. El profesional que domine estas herramientas y sepa adaptarse a los cambios tecnológicos será una pieza clave en los almacenes del siglo XXI, donde la información y la innovación caminarán de la mano para lograr una logística más eficiente y responsable.

- -

10.2. Principales tendencias

La **transformación digital y la automatización** están impulsando grandes cambios en la gestión documental y la impresión dentro del sector logístico. Estas innovaciones buscan no solo optimizar los procesos y reducir los errores, sino también avanzar hacia un modelo de almacén inteligente, sostenible y totalmente conectado. A continuación, se presentan las tendencias más destacadas que marcarán el futuro de la documentación en los almacenes:

- ⮞ **Eliminación del papel.** La tendencia hacia la "oficina sin papel" continúa ganando terreno en el ámbito logístico. Cada vez más empresas sustituyen los documentos impresos por versiones digitales accesibles desde terminales móviles, tabletas o sistemas en la nube.
  Los albaranes, facturas y comprobantes de entrega se gestionan electrónicamente mediante firmas digitales, códigos QR o enlaces seguros.
  Además de reducir costes y espacio de archivo, esta práctica mejora la trazabilidad y contribuye al cuidado del medioambiente al disminuir el consumo de papel y tinta.
- ⮞ **SGA, ERP.** El futuro pasa por la interconexión completa de los sistemas de gestión. El SGA (sistema de gestión de almacén), el ERP (planificación de recursos empresariales) y el sistema de gestión documental (SGD) estarán sincronizados en tiempo real, compartiendo datos de manera automática.
  Esto permitirá que cualquier cambio en un pedido, una entrada o una devolución se actualice instantáneamente en todos los sistemas.
  Gracias a esta integración, se eliminan duplicidades, se mejora la comunicación entre departamentos y se obtiene una visión global del estado del almacén y de la documentación asociada.
- ⮞ **Uso de inteligencia artificial.** La inteligencia artificial generativa será una herramienta habitual en la gestión documental. Esta tecnología permitirá crear automáticamente resúmenes, informes o listados a partir de grandes volúmenes de datos logísticos.

Por ejemplo, el sistema podrá redactar un informe semanal sobre incidencias, consumo de consumibles o tiempos de preparación de pedidos sin intervención humana.

Asimismo, los asistentes virtuales basados en IA ayudarán a buscar documentos, responder consultas o realizar tareas administrativas mediante comandos de voz o texto, agilizando el trabajo diario.

⇨ **Impresoras inteligentes.** Las impresoras inteligentes dejarán de ser equipos aislados para convertirse en dispositivos conectados a la red corporativa del almacén.

A través del *cloud computing,* podrán recibir órdenes de impresión desde cualquier punto de la empresa, analizar su propio rendimiento y enviar notificaciones de mantenimiento preventivo.

Además, la impresión bajo demanda permitirá generar solo los documentos o etiquetas necesarios en cada momento, reduciendo el desperdicio de material y mejorando la eficiencia energética.

⇨ **Almacenes "verdes".** La sostenibilidad será uno de los ejes principales de la logística del futuro. Los almacenes verdes aplicarán políticas de ahorro energético, reciclaje de consumibles y gestión responsable de residuos electrónicos.

La digitalización total y el uso de energías renovables permitirán reducir de manera significativa la huella de carbono.

Asimismo, las empresas medirán y reportarán el impacto ambiental de sus operaciones mediante herramientas digitales, reforzando su compromiso con la responsabilidad social y ambiental.

Estas tendencias reflejan un cambio profundo en la forma de entender la gestión documental: de un modelo tradicional y físico a uno digital, automatizado y sostenible, donde la tecnología no solo mejora la eficiencia, sino que también impulsa una logística más inteligente y responsable con el entorno.

 ## ACTIVIDAD COMPLEMENTARIA

5. Busca ejemplos reales de almacenes o empresas logísticas que estén aplicando tecnologías innovadoras en la gestión documental y la impresión.

   Puedes centrar tu búsqueda en aspectos como:

   · Uso de inteligencia artificial o automatización en la generación y clasificación de documentos

Continúa en página siguiente >>

<< Viene de página anterior

- Aplicación de sistemas en la nube *(cloud computing)* para compartir y archivar información logística
- Implantación de impresoras inteligentes o sostenibles conectadas a los sistemas de gestión
- Iniciativas de sostenibilidad y reducción del papel en procesos de archivo o etiquetado

Una vez localizada la información, elabora un breve resumen (5-8 líneas) sobre el caso seleccionado e indica el nombre de la empresa, la tecnología utilizada y los beneficios obtenidos.

---

11. Resumen

La gestión documental en el ámbito logístico vive una transformación marcada por la digitalización, la automatización y la sostenibilidad. Los almacenes actuales integran sistemas informáticos —como el SGA, el ERP y los sistemas de gestión documental— que permiten coordinar la información entre el archivo físico y el digital, garantizando rapidez, trazabilidad y seguridad en todos los procesos.

La automatización documental y el uso de herramientas inteligentes, como el reconocimiento óptico de caracteres (OCR), la robotización de tareas o las impresoras conectadas en red, reducen los errores y agilizan la gestión de documentos. Esta automatización se complementa con protocolos de control de calidad y resolución de incidencias, que aseguran la coherencia de los registros y la disponibilidad de la información.

La sostenibilidad se ha convertido en un principio esencial en los procesos de archivo e impresión. La reducción del uso de papel, el reciclaje de consumibles y la digitalización de los flujos documentales contribuyen a disminuir el impacto ambiental y a optimizar los recursos del almacén.

La seguridad y la ética profesional son pilares de la gestión documental moderna. Cumplir con el RGPD y la LOPDGDD garantiza la protección de datos personales y comerciales, mientras que la confidencialidad y el uso responsable de la información fortalecen la confianza entre la empresa y sus clientes.

La transformación digital se apoya en tecnologías como la inteligencia artificial, el *blockchain,* el *cloud computing* o la realidad aumentada, que permiten automatizar tareas, certificar documentos y mejorar la trazabilidad. Estas innovaciones exigen nuevos perfiles profesionales con competencias técnicas y transversales orientadas al dominio tecnológico, la organización, la sostenibilidad y la adaptación al cambio.

Las tendencias futuras apuntan hacia almacenes inteligentes, digitalizados y ecológicos, donde la información se gestione de forma automática y conectada, y los procesos sean cada vez más sostenibles. La eficiencia, la seguridad y la innovación serán los pilares de la gestión documental del futuro. En conjunto, la gestión documental e impresión logística del futuro se caracterizará por su eficiencia, sostenibilidad y conectividad. La integración de procesos, el uso responsable de la tecnología y la profesionalización del personal serán los pilares que garantizarán una administración documental moderna, segura y orientada a la mejora continua.

Ejercicios de autoevaluación
Unidad de aprendizaje 5

1. ¿Qué se entiende por integración de procesos documentales en el entorno del almacén?

    a. La sustitución total de los documentos en papel por copias digitales

    b. La conexión entre los sistemas de gestión documental, logística y empresarial

    c. La creación de copias de seguridad automáticas de todos los documentos

    d. El almacenamiento físico de los documentos en un mismo espacio

2. ¿Cuál es una ventaja principal de la automatización documental en un almacén?

    a. El aumento del consumo de papel

    b. La reducción de la trazabilidad de los documentos

    c. La disminución de errores y el ahorro de tiempo

    d. La necesidad de más personal administrativo

3. ¿Qué tecnología permite convertir texto impreso en datos digitales editables?

    a. RPA

    b. *Blockchain*

    c. OCR

    d. IA generativa

4. En el control de calidad documental, ¿qué acción sería incorrecta?

    a. Verificar la legibilidad de etiquetas y albaranes.

    b. Revisar que los documentos estén completos.

    c. Ignorar los errores menores en la impresión.

    d. Comprobar la correspondencia entre copias físicas y digitales.

5. ¿Qué práctica contribuye a la sostenibilidad en los procesos de impresión?

    a. Imprimir siempre varias copias por seguridad.
    b. Usar papel reciclado y vistas previas antes de imprimir.
    c. Evitar el uso de dispositivos digitales.
    d. Utilizar consumibles sin control de residuos.

6. Según la legislación vigente, ¿qué norma regula la protección de datos personales en España?

    a. LSSI
    b. RGPD y LOPDGDD
    c. ISO 9001
    d. Ley de comercio electrónico

7. ¿Cuál es la función principal del *blockchain* en la gestión documental logística?

    a. Almacenar documentos en la nube.
    b. Garantizar la autenticidad y evitar manipulaciones.
    c. Traducir documentos automáticamente.
    d. Aumentar la velocidad de impresión.

8. ¿Qué característica define a los gemelos digitales aplicados a la logística?

    a. Son copias físicas de los documentos originales.
    b. Son réplicas virtuales que simulan procesos o sistemas reales.
    c. Son programas de impresión automatizada.
    d. Son bases de datos de empleados.

9. ¿Qué competencia técnica debe tener el técnico documental del almacén digital?

    a. Conocimientos de idiomas
    b. Habilidad para conducir carretillas elevadoras
    c. Manejo de *software* de gestión documental y digitalización
    d. Diseño de campañas publicitarias

10. **¿Cuál de las siguientes opciones representa una tendencia futura en la gestión documental logística?**

    a. Aumento del uso del papel
    b. Eliminación casi completa de los procesos digitales
    c. Integración total de sistemas y sostenibilidad
    d. Disminución del control documental

Glosario

Acceso autorizado
Permiso que se otorga a determinados usuarios para consultar o modificar información o documentos dentro de un sistema de gestión documental.

Albarán
Documento que acompaña a una mercancía y acredita su entrega o recepción. Es fundamental para el control de entradas y salidas en el almacén.

Archivo digital
Conjunto de documentos electrónicos organizados mediante sistemas informáticos que permiten su almacenamiento, consulta y preservación a largo plazo.

Archivo físico
Sistema de conservación de documentos en soporte papel, clasificados en carpetas, cajas o estanterías.

Automatización documental
Uso de herramientas tecnológicas que permiten generar, clasificar o archivar documentos sin intervención manual.

Blockchain
Tecnología que almacena información en bloques enlazados y seguros, garantizando la autenticidad y la trazabilidad de los documentos, sin posibilidad de alteración.

Cadena de custodia
Proceso que asegura el control y la trazabilidad de un documento desde su creación hasta su archivo o destrucción.

Clasificación documental
Método de organización que agrupa los documentos según criterios como tipo, fecha o área de origen, para facilitar su búsqueda y recuperación.

Cloud computing (computación en la nube)
Tecnología que permite almacenar, gestionar y acceder a documentos e información a través de internet, sin depender de un único dispositivo físico.

Confidencialidad
Principio que garantiza que la información solo sea accesible para personas autorizadas.

Control de calidad documental
Conjunto de acciones destinadas a revisar la exactitud, la legibilidad y la coherencia de los documentos archivados o impresos.

Copia de seguridad
Duplicado de la información que se realiza periódicamente para evitar la pérdida de datos en caso de fallo o incidente.

Consumibles
Materiales necesarios para el funcionamiento de los equipos de impresión, como tinta, tóner o papel.

Digitalización
Proceso mediante el cual los documentos en papel se convierten en archivos electrónicos para su gestión y almacenamiento digital.

Documentación logística
Conjunto de documentos que acompañan a los procesos de transporte, almacenamiento y distribución de mercancías.

Documento electrónico
Archivo digital que contiene información válida y verificable mediante medios tecnológicos.

Destrucción documental
Eliminación segura de documentos obsoletos, ya sea en papel o en formato digital, cumpliendo la normativa de protección de datos.

Ética profesional
Conjunto de principios y valores que guían la conducta responsable del trabajador, especialmente en el manejo de información confidencial.

ERP *(enterprise resource planning)*
Sistema informático que integra la gestión de todos los recursos de una empresa (compras, ventas, finanzas, almacén, etc.).

Etiqueta logística
Elemento impreso que identifica un producto, palé o envío mediante texto o código de barras, y que facilita su trazabilidad.

Flujo documental
Secuencia de pasos que sigue un documento desde su creación hasta su archivo o eliminación.

Firma digital
Método de validación electrónica que garantiza la identidad del firmante y la integridad del documento.

Gemelos digitales
Réplicas virtuales de objetos o procesos reales que permiten simular su funcionamiento, detectar incidencias y optimizar la gestión.

Gestión documental
Conjunto de procedimientos y herramientas destinados a crear, organizar, conservar y acceder a los documentos de forma eficaz.

Gestión sostenible
Prácticas que buscan reducir el impacto ambiental mediante el uso responsable de los recursos y la digitalización de procesos.

Huella de carbono
Medida del impacto ambiental que genera una empresa o proceso, expresada en emisiones de CO_2 equivalente.

IA (inteligencia artificial)
Tecnología que permite a los sistemas informáticos aprender, analizar y ejecutar tareas de forma autónoma, como clasificar o reconocer documentos.

Indexación
Proceso de asignación de palabras clave o metadatos a un documento digital para facilitar su búsqueda posterior.

Integración de procesos
Conexión entre distintos sistemas informáticos (SGA, ERP, SGD) para unificar los flujos de información y documentos.

Inventario
Registro detallado de los bienes, productos o materiales almacenados en un determinado espacio.

LOPDGDD
Ley orgánica de protección de datos personales y garantía de los derechos digitales. Normativa española que complementa el Reglamento general de protección de datos (RGPD).

Mantenimiento preventivo
Conjunto de revisiones periódicas destinadas a conservar en buen estado los equipos informáticos y de impresión.

Mensajería interna
Sistema de comunicación corporativo utilizado para compartir documentos e información entre departamentos o empleados.

OCR (reconocimiento óptico de caracteres)
Tecnología que permite convertir texto impreso o manuscrito en texto digital editable.

Oficina sin papel *(paperless)*
Modelo de trabajo basado en la eliminación progresiva del papel mediante la digitalización y la gestión electrónica de documentos.

Protección de datos
Conjunto de medidas técnicas y legales que garantizan la privacidad de la información personal y empresarial.

Protocolo de incidencias
Procedimiento establecido para registrar, analizar y resolver errores o irregularidades en el proceso documental.

RPA (automatización robótica de procesos)
Uso de *software* que imita tareas repetitivas realizadas por personas, como copiar datos o generar informes.

Realidad aumentada
Tecnología que combina el entorno físico con información digital, permitiendo visualizar datos o documentos sobre objetos reales.

Reciclaje de consumibles
Proceso mediante el cual los cartuchos de tinta y tóner se recuperan y reutilizan para reducir residuos.

Responsabilidad digital
Actitud profesional basada en el uso seguro, ético y sostenible de las tecnologías de la información.

RGPD (Reglamento general de protección de datos)
Normativa europea que regula el tratamiento y la protección de los datos personales.

SGA (sistema de gestión de almacén)
Software que controla la entrada, el almacenamiento y la salida de productos, facilitando la trazabilidad de los movimientos.

SGD (sistema de gestión documental)
Programa informático que organiza, almacena y permite acceder a los documentos digitales de forma segura.

Sostenibilidad
Principio que busca equilibrar la eficiencia económica, la responsabilidad social y el respeto por el medioambiente en todas las actividades empresariales.

Tendencias logísticas
Nuevas prácticas y tecnologías aplicadas al sector del almacenamiento y la distribución, como la automatización, la digitalización o los almacenes verdes.

Tóner
Polvo utilizado por las impresoras láser para producir texto e imágenes sobre el papel.

Transformación digital
Proceso de cambio mediante el cual las empresas adoptan tecnologías digitales para optimizar sus procesos y mejorar la gestión de la información.

Trazabilidad documental
Capacidad de rastrear el recorrido de un documento desde su creación hasta su archivo final o eliminación.

Vista previa de impresión
Herramienta que permite revisar la apariencia de un documento antes de imprimirlo, evitando así errores de formato o de márgenes.

Bibliografía

Monografías

→ GARCÍA, P.: *Procesos administrativos en el entorno empresarial.* Madrid: McGraw-Hill, 2019.

   Aborda la gestión de la documentación administrativa y de las herramientas tecnológicas que optimizan el trabajo en oficinas y almacenes.

→ GÓMEZ, L.: *Gestión del almacén y control de existencias.* Madrid: Ediciones Paraninfo, 2021.

   Detalla la organización del almacén, la gestión de pedidos, el etiquetado y la impresión de documentos logísticos, con un enfoque práctico y actual.

→ FERNÁNDEZ, A.: *Organización de archivos físicos y electrónicos en la empresa.* Madrid: Ediciones Paraninfo, 2021.

   Presenta métodos prácticos de clasificación, conservación y acceso a documentos en diferentes soportes, adaptados al entorno empresarial.

→ LÓPEZ, M.: *Gestión documental y archivo en entornos digitales.* Madrid: Editorial Síntesis, 2022.

   Explica los principios de la gestión documental moderna y la transición del archivo físico al digital, con ejemplos aplicados a empresas y a administración.

→ SÁNCHEZ, R.: *Digitalización, sostenibilidad y eficiencia en el entorno logístico.* Barcelona: Marcombo, 2020.

   Analiza la relación entre digitalización y sostenibilidad en los procesos logísticos, destacando buenas prácticas para reducir el uso del papel.

Documentos electrónicos

→ Asociación Española de Normalización (UNE - AENOR), de: <https://www.aenor.com>.

   Reúne normas técnicas, como la ISO 15489 o la ISO 9001, esenciales para establecer sistemas de gestión documental eficaces y de calidad.

→ Brother International España. ¿Qué tipos de etiquetas se necesitan en el sector logístico?, de: <https://www.brother.es/blog/identificacion/2021/que-tipos-de-etiquetas-se-necesitan-en-el-sector-logistico>.

Presenta diferentes formatos y materiales de etiquetas para logística, y sus implicaciones en impresión y aplicación.

→ Cognex. Impresión, colocación y control de etiquetas de envío, de: <https://www.cognex.com/es-mx/industries/logistics/inbound/printing-applying-internal-tracking-labels>.

Explica cómo la calidad de impresión y la colocación de etiquetas impacta en la trazabilidad y el control en centros logísticos.

→ Consejo Internacional de Archivos (ICA), de: <https://www.ica.org/es>.

Publica directrices internacionales sobre clasificación, conservación y acceso a la información en archivos físicos y electrónicos.

→ Diagraph. Sistemas de etiquetado: variantes, ventajas y características, de: <https://www.diagraph.es/productos/sistemas-de-etiquetado/>.

Describe los diferentes sistemas de impresión y etiquetado, orientados a aplicaciones industriales/logísticas.

→ Instituto Nacional de Ciberseguridad (INCIBE). Seguridad de la información, de: <https://www.incibe.es/protege-tu-empresa>.

Proporciona recomendaciones y materiales formativos para proteger la información digital y garantizar la confidencialidad en el trabajo.

→ Ministerio de Cultura y Deporte. Guía de gestión documental, de: <https://www.culturaydeporte.gob.es/cultura/archivos>.

Ofrece recursos y guías oficiales sobre gestión de archivos físicos y digitales, aplicables también al ámbito empresarial.

→ Logística Profesional. Artículos sobre gestión de almacén e impresión industrial, de: <https://www.logisticaprofesional.com>.

Contiene artículos actualizados sobre tecnologías de impresión de etiquetas, trazabilidad y organización eficiente del almacén.

→ SCM Logística. ¿Por qué es tan importante el sistema de etiquetado en un almacén?, de: <https://www.scmlogistica.es/por-que-es-importante-sistema-de-etiquetado-en-un-almacen/>.

Analiza, desde el punto de vista del almacén, cómo la etiquetación (y su impresión/material) afecta a las operaciones y a la eficiencia.

→ UPM Raflatac. Etiquetas para logística y comercio electrónico, de: <https://
www.labelmaterials.upm.com/es/etiquetas-por-sector/logistica-y-comercio-
electronico/>.

> Expone soluciones de etiquetado adaptadas a la logística y al comercio elec-
> trónico, incluyendo impresión, materiales y sostenibilidad.